현장 컨설턴트가

현장 컨설턴트가
알려주는

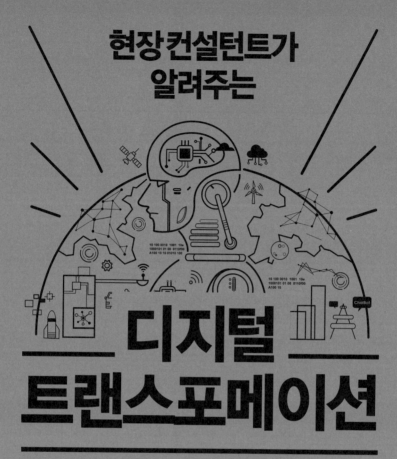

디지털
트랜스포메이션

■ 코로나와 4차산업혁명이 가속화시키는 디지털 트랜스포메이션 ■

주호재 지음

BM (주)도서출판 성안당

디지털 전환의 모호한 개념이 눈에 보이고 손에 잡힙니다. 디지털 전환을 위한 도구로서 기술은 어떻게 연결되어야 하는지, 왜 일하는 방식의 변화가 요구되는지, 장마다 중요한 인사이트가 현장의 경험과 함께 녹아 있습니다. 새로운 미래를 준비하고 대응하기 위한 나침반이 필요하다면 이 책을 적극 추천합니다.

| 최형욱(퓨처디자이너스 대표, 라이프스퀘어 대표) |

태초부터 도구는 문명을 발전시키는 중요한 수단이었습니다. 이 시대 가장 대표적인 도구는 디지털이지만, 디지털을 제대로 이해하는 개인과 기업은 많지 않습니다. 그래서 우리에게 제대로 된 디지털 안내서가 필요합니다. 이 책은 쉽고 재미있게 디지털을 이해시켜 줍니다.

| 임진국(크렌진 대표) |

다들 디지털 트랜스포메이션을 이야기하는 데 도무지 어디서부터 시작해야 할지 모를때, 문송이지만 이과생처럼 아는 척하고 싶고, 트렌드에 뒤떨어지지 않는 인싸가 되고자 하는 분들에게 이 책을 추천합니다.

| 강효석(바른전략연구소장, 前 골프존 전략기획실장) |

최근 마이크로소프트 부활의 중심에 '디지털 전환'이라는 키워드가 있습니다. MS뿐만이 아닙니다. 최근 거의 모든 기업의 주요 관심사는 디지털 전환입니다. 한마디로 모든 기업이 디지털 기업으로 변신 중입니다. 그런데 그 개념은 모호하기 짝이 없습니다. 디지털 전환을 준비하거나 이해하고 싶다면 이 글을 꼭 읽어보기를 추천합니다.

| 정진용(삼성전자 창의개발센터 C-lab 스타트업 담당) |

인류의 문명은 과학기술의 발전과 함께 해왔습니다. 지금은 디지털 전환에 대한 기대와 희망으로 한껏 부풀어 있습니다. 저자는 디지털 전환의 존재와 그 의의를 감성적 비유와 전략적 은유로 풀어내고 있습니다. 대전환의 시대를 오랜 현장의 눈과 경험으로 풀어내는 지혜가 돋보입니다.

| 임기철(고려대 기술경영전문대학원 특임교수, 前 KISTEP 원장) |

최근 고객들이 가장 관심을 가지는 것이 디지털 전환입니다. 그럼에도 불구하고 디지털 전환을 속시원하게 설명할 수 없다는 것도 사실입니다. 아직 한참 진행 중인 개념이니까요. 이 책은 정답이 아닐지라도 설명의 틀을 제공하고 있습니다. 일독을 권합니다.

| 이원세(삼성에스디에스 수석컨설턴트) |

경영진으로부터 디지털 전환에 대한 보고를 많이 요구받고 있습니다. 자료를 찾고, 보고서를 작성하면서 더 혼란스러워집니다. 이 책은 저와 비슷한 어려움을 겪고 있는 분들에게 많은 도움을 줄 것 같습니다. 내일 아침까지 디지털 전환 보고서를 쓰셔야 한다면 이 책 읽기를 주저하지 마세요.

| 정인식(삼성전기 경영혁신 SCM 담당) |

콜로세움 악몽

콜로세움 대회의실에서 제안을 발표하는 중이었습니다. 발표는 막바지를 향해갑니다.

"동방원정 프로젝트의 핵심은 디지털 전환입니다. 요즘 디지털 전환을 고려하지 않고 시스템을 구축한다는 건 말이 안 되죠."

정중앙에 앉아 한 시간가량 입술을 일자로 꾹 다물고 한 마디도 하지 않던 분이 입을 떼십니다. 순간 등줄기가 서늘해집니다.

"디지털 전환이 뭐꼬?"

콜로세움에 마네킹같이 앉아있던 200개의 눈이 저를 향합니다. 마치 화살 200개가 저를 겨누고 있는 듯한 느낌입니다. 또 이 질문이야? 침을 한 번 삼킨 후 여러 번 사용했지만 반응이 좋지 않았던 대답을 합니다.

"네, 사장님. 정곡을 찌르시는 질문이십니다. 디지털 전환은 한 마디로 말해서 폭발적으로 증가한 데이터를 클라우드라는 기술로 잘 처리하는 겁니다."

"아! 그럼, 디지털 전환은 클라우드 기술이네."

"네. 뭐 그렇다고 볼 수도 있지만, 빅데이터를 분석해야 의미가 있습니다."

"응? 그럼 디지털 전환은 빅데이터구만."

"음~ 꼭 그렇다고 할 수는 없고, 요즘 핫이슈인 인공지능이 핵심입니다."

"진작 그렇게 설명해야지. 그럼 디지털 전환은 인공지능이구만!"

데쟈뷰도 아니고 이런 장면이 벌써 몇 번째인지 모릅니다. 저도 모르게 제 입이 마음대로 움직입니다.

"아냐, 아냐. 아니라구."

200개의 눈이 일시에 커지고 입까지 떡 벌어집니다. 벌어진 입 속에서 불화살이 쏟아져 나옵니다. 저는 문을 향해 뛰어나가려고 하는데 발이 바닥에 붙어 떨어지지 않습니다.

"살려줘! 으악~"

다행히 이번에는 적절한 시점에 깨어났습니다. 며칠 전에는 사장님께 소리를 지르고 회사 징계위원회에 출석했다가 아내에게 크게 야단맞고 아들에게 무시당하다가 깨어났습니다. 벌써 몇 번째 비슷한 꿈을 꾸고 있습니다.

단순함, 그것은 천재에게 주어진 재능

코로나가 기승을 부리기 전, 저에게 중요한 미션이 주어졌습니다.

'디지털(Digital)'이라는 단어가 나오는 순간부터 영혼을 미련 없이 내려놓을 수 있는 100명의 고객을 대상으로 디지털 전환에 대한 변화 관리 강연을 하라는 것이었습니다. 준비 기간은 단 2주일이었습니다. 처음에는 자신이 있었습니다. 디지털 전환은 대략 머릿속에 그려져 있다고 생각했거든요. 그런데 본격적으로 준비 작업을 하면서 콜로세움 꿈을 꾸게 된 겁니다.

모든 사람들이 아는 것 같지만, 정확히 알기 어려운 분야를 정리하고 강연하는 것이 가장 어렵습니다. '디지털 전환'이라는 주제가 딱 그랬습니다. 명칭은 유명했지만, 일단 개념이 너무 모호하고 그 모호한 부분을 인공지능, 빅데이터, 클라우드, 블록체인, 로봇 등의 기술이 질서 없이 채우고 있었습니다. 잡힐 듯 잡히지 않는 디지털 전환의 명확한 개념과 각 기술 간의 관계를 한 장에 정리해 보고 싶은 충동이 생겼습니다. 이러한 고민은 몇 주째 계속되었고, 어느 순간 비슷한 꿈을 꾸기 시작한 겁니다. 그러다가 자료를 찾던 중에 아인슈타인의 명언을 만났습니다.

어떤 지적인 바보도 사물을 더 크고, 더 복잡하며, 더 격렬하게 만들 수 있다. 하지만 그 반대편으로 나아가려면 약간의 천재성과 많은 용기가 필요하다. 만약 당신이 어떤 것을 단순하게 설명할 수 없다면 당신은 그것을 충분히 이해하지 못한 것이다.

— 알베르트 아인슈타인(Albert Einstein)

저도 모르게 입가에 미소가 지어졌습니다. 더 이상 복잡하게 만들기도 힘들어 보이는 디지털 전환의 개념 정립에는 도대체 몇 명의 바보가 기여를 한 것일까요? 저에게 천재성은 없습니다. 하지만 용기는 가질 수 있을 것 같았죠. 그리고 생각해 보니 간단하게 정리되지 않았던 이유가 현재 일어나고 있는 모든 것을 집어넣으려고 하는 욕심과 조심성에서 왔다는 것을 깨닫게 되었습니다. 하나라도 빠지면 누군가에게 비난을 받을 수 있으니까요. 그때부터 작업이 좀 빨라졌습니다. 큰 틀을 세우는데 집중했고, 틀에서 벗어나는 것은 때로는 과감하게 제외했습니다. 그 결과, 하나의 사이클(순환 구조)이 탄생했습니다.

이 책의 전반부인 'THEME 01 개념편'에서는 '디지털 전환 사이클'로 명명한 사이클의 탄생 과정을 설명했습니다. 사이클을 최대한 단순히 만들다 보니 핵심적인 역할을 하는 기술에 대한 설명이 부족했지만, 이것은 후반부인 'THEME 02 기술편'에서 보완했습니다. '기술편'에서는 디지털 전환과 관련된 수많은 기술 중에서도 가장 핵심적인 기술인 인공지능, 빅데이터, 클라우드에 대해 설명하고 있습니다.

저는 학자가 아닙니다. 고객에게 현상을 설명하고, 설득하는 것이 저의 주된 업무입니다. 그래서 이론의 옳고 그름, 가설의 명확한 증명 등의 문제에서는 조금 자유롭습니다. 이 책의 내용이 모두 맞고, 앞으로도 그러할 것이라고 단호하게 말하지는 못하겠습니다. 하지만 현재 진행 중인 디지털 전환의 시대에 간단하고 눈에 띄는 이정표 정도의 역할을 한다면 저는 대만족입니다.

목차

THEME 01
개념편 : 디지털 전환 사이클

"출발하기 위해 위대해질 필요는 없지만,
위대해지려면 출발부터 해야 한다."

| 레스 브라운(Les Brown), 그룹 '밴드 오브 리나운'의 멤버 |

개념편 : 디지털 전환 사이클

1 | 디지털 전환이란 무엇인가? |

고객을 만나면 거의 어김없이 받는 질문이 있습니다.

"디지털 전환이 무엇인가요?"

"4차 산업혁명과는 어떤 관계인가요?"

"빅데이터나 인공지능은 어떻게 해야 하나요?"

"우리 회사도 지금 디지털 전환해야 할까요?"

고객사에 지원을 나갔다가 그날도 고객에게서 똑같은 질문을 받았습니다. 그런데 저 스스로도 납득이 안 가는 대답을 했습니다.

"디지털 전환이나 4차 산업혁명은 빅데이터와 인공지능 같은 신기술이 불러온 대변혁이에요. 그래서 이 물결을 타지 못하면 큰일 납니다."

대충 이렇게 대답을 했던 것 같습니다. 듣는 고객의 표정을 살펴보니, "이 놈도 똑같네."라고 말하는 듯 하더군요.

용어부터 통일하자

요즘에는 '디지털 전환', '4차 산업혁명', '디지털 혁신'과 같은 용어가 너무도 익숙해졌습니다. 그런데 아이러니하게도 용어가 익숙해질수록 그 정체는 더 모호해지는 것 같습니다. 마치 인문학 같은 느낌입니다. '인문학'◆이라는 말을 모르는 대한민국 국민은 없을 겁니다. 그런데 인문학이 무엇이냐고 물어보면 답을 할 수 있는 사람이 거의 없습니다. 솔직히 저도 얼마 전까지는 인문학의 정확한 의미를 몰랐으니까요.

디지털 전환, 4차 산업혁명, 빅데이터, 인공지능 같은 것들이 이와 같습니다. 용어만 들으면 마치 다 아는 것 같습니다. 하지만 막상 이 용어들을 설명해 보라고 하면 알듯 모를 듯한 모호함과 혼란스러움,

----

◆ 인문학: 한자를 그대로 해석하면 인문은 '人文', 즉 사람에 대한 연구입니다. 인문학의 정반대는 천문학인데, '天文'은 하늘의 움직임을 연구하는 학문이죠. 그래서 인문학은 사람과 사람을 주축으로 형성된 환경의 변화를 연구하는 학문입니다. 서양에서는 인문학을 '자유 기술(Liberal Arts)'이라고 합니다. 따라서 인문학은 노예가 아닌 자유민들, 즉 남이 시키는 일이 아닌 자기 비즈니스를 해야 하는 사람들이 반드시 알아야 하는 기본 지식이라는 뜻입니다.

실체가 무엇인지에 대한 궁금증이 한꺼번에 일어날 겁니다. 주변에 IT 컨설팅을 하고 있는 사람들이 많지만, 그들도 '그게 정확히 뭔데?'라는 질문을 받으면 시원하게 대답을 하지 못합니다.

스스로 만족하지 못한 대답을 하고 나오면서 이들 용어를 한번 정리해 보기로 했습니다. 너무 쉽게 생각했죠. 서점에서 책을 한 권 샀고, 집으로 돌아가 읽었습니다. 하지만 책을 절반쯤 읽었을 때 불길한 예감이 들었습니다. '아! 이거 잘못 시작한 것 같다.'

가장 처음 만난 난감한 녀석은 '4차 산업혁명'이라는 용어였습니다. 분명히 학교에서 배운 건 제임스 와트(James Watt)와 증기기관으로 대표되는 산업혁명밖에 없는데, 난데없이 2차도 아니고 4차 산업혁명이랍니다. 게다가 산업혁명에 생소한 기술까지 섞어서 더 헷갈리게 합니다. 언제는 'IoT'라고 부르는 기술이 마치 4차 산업혁명의 대명사인 듯 이야기하다가, 3D 프린팅이 핵심 기술이랬다가, 자율주행이 대세가 되었다가, 우버(Uber)와 에어비앤비(Airbnb)로 대표되는 공유경제로 넘어갔었죠. 그러다 코로나사태를 만났고 이 상황이 장기화되면서 요즘은 '비대면 기술'이 4차 산업혁명의 주역이랍니다.

술을 마셔도 4차는 정신을 차리기 어려운 시점이죠. 보통 다음 날 오전에 어젯밤 동지와 1차부터 4차까지 복기를 하듯, 지금 우리도 1차부터 복기할 필요가 있어 보입니다. 보통 '혁명'이 붙는 사건은 쉽게 다룰 수 있는 것이 아니죠. 특히 동시대에서 명명할 수는 없습니다. 산업혁명만 해도 한참의 시간이 지난 후에 그 시점을 보고 '증기기관'이라는 기술이 기계화를 초래했고, 농업에서 공업으로 대전환이 이뤄졌다고 역사가들이 평가하고 명명했습니다. 그런데 특이하게 4차 산업혁명은 지금도 진행 중이라면서 '4차 산업혁명'이라고 부릅니다. 혹자는 아직 시작도 하지 않았다고 하죠. 이렇게 헷갈리고 엇갈리는 주장의 근거는 무엇일까요?

먼저 4차까지 달렸다는 산업혁명의 단계를 분류하는 기준부터 알아봅시다. 시작점인 기준부터 두 가지 견해가 있습니다. 첫 번째는 혁명적 기술을 기준으로 나누는 것입니다. 두 번째는 주로 사용하는 에너지와 그 에너지를 사용하는 기관을 기준으로 나누는 것입니다. 전자는 클라우스 슈밥(Klaus Schwab)이 주장했고, 후자는 제레미 리프킨(Jeremy Rifkin)의 견해지요. 결론부터 말하면 혁명적 기술을 근거로 하는 클라우스 슈밥을 따랐을 때 지금이 4차 산업혁명기가 됩니다. 반면 제레미 리프킨은 이제 막 3차 산업혁명이 시작되었다고 주장합니다.

회식에 비유하자면 제레미 리프킨 부장님은 안주가 바뀌면 술자리 차수가 올라간다고 주장하는 겁니다. 삼겹살에 소주를 마시고, 치킨에 맥주를 마신 후 마지막에 칵테일을 마셨으니 어제 술자리는 3차에서 끝났다는 겁니다. 메인 안주를 에너지라고 생각하면 됩니다. 1차는 석탄, 2차는 석유, 3차는 재생 에너지인 것이죠.

반면 클라우스 슈밥 형님은 안주와 관계없이 술자리를 옮기면 차

수가 올라간다는 주장입니다. 삼겹살에 소주를 마시고, 치킨에 맥주 마신 후 마지막에 칵테일을 마신 건 똑같습니다. 그런데 어제 우리가 치맥을 두 군데에서 먹었다는 거죠. 한 번은 '엄마 손길' 치킨집에서, 또 한 번은 '잘 굽네' 치킨집에서 먹었으니 어제는 4차가 맞다는 것입니다. 여기서 술을 먹은 가게가 혁명적 기술에 해당합니다. 어떤 에너지를 사용하는가에 관계없이 1차는 증기기관, 2차는 전기, 3차는 인터넷, 4차는 인공지능, 로봇, 빅데이터 등의 기술이 혁명을 이끌어 냈다는 주장이죠.

솔직히 해석 놀음입니다. 진짜 4차까지 달린 다음 날처럼 뇌가 멈추는 느낌이죠. 그래서 두 학자의 견해를 표로 정리해 보았더니 한눈에 들어오는 한 가지 사실이 있습니다. 두 학자 모두 마지막 차수의 산업혁명에 대한 정의가 약간 구질구질합니다. 그 앞 단계까지의 정의는 너무나 깔끔해서 저절로 고개가 끄덕여지는데 말이죠.

■ [제레미 리프킨] 주 사용 에너지와 에너지 사용 기관을 기준으로 구분

단계	시기	사용 에너지	사용 기관
1차 산업혁명	18~19세기	석탄	증기기관, 철도
2차 산업혁명	19세기 후반	석유	내연기관, 전기
3차 산업혁명	20세기 후반부터 지금까지	재생 에너지	자체 재생 에너지를 생산하고, 지능형 에너지 네트워크 기술로 자신이 생산한 에너지를 전 세계 사람들과 교환

■ [클라우스 슈밥] 혁명적 기술 출현을 기준으로 구분

단계	시기	혁명적 기술	영향
1차 산업혁명	18~19세기	증기기관	기계화
2차 산업혁명	19세기 후반	전기	대량 생산/자동화
3차 산업혁명	20세기 후반	인터넷	정보화 기술혁명
4차 산업혁명	21세기	인공지능, 로봇, IoT, 빅데이터, 블록체인, 클라우드, 공유 경제, 3D 프린팅 등	• 개발·설계·생산·판매 등의 시스템 통합 • 설계와 가상이 통합되고, 사물을 자동적·지능적으로 제어하는 가상 물리 시스템 구축 • 생산기기와 생산품 간 상호 소통 체계가 구축되어 중앙 통제 시스템에서 벗어남 • 각 기기가 개별 공정에 알맞은 것을 스스로 판단 및 실행하면서 전체 생산 과정이 역사상 가장 놀라운 수준으로 최적화됨

　자, 그러면 제레미 리프킨의 3차 산업혁명부터 살펴볼까요? 일단 3차 산업혁명은 시기부터 애매합니다. 20세기 후반부터 지금까지, 아직도 계속되고 있다는 말이죠. 주 사용 에너지도 재생 에너지입니다. 솔직히 아직 재생 에너지를 그렇게까지 많이 사용하지는 않죠. 사용 기관은 더 모호합니다. 무언가 억지로 구겨넣었다는 느낌이 강합니다. 클라우스 슈밥의 4차 산업혁명에 있는 혁명적 기술은 구질구질해 보이기까지 합니다. 최근 핫한 기술은 다 포함시킨 것 같습니다. 어쨌든 아직은 4차 산업혁명이 자주 언급되고 있으므로 최대한 간단하게 4차까지 산업혁명을 정리해 보겠습니다.

18~19세기 **1차 산업혁명**	수력, 증기기관에 의한 기계화
19세기 후반 **2차 산업혁명**	전력, 내연기관에 의한 대량 생산
20세기 후반 **3차 산업혁명**	인터넷을 활용한 정보화 기술혁명
21세기 **4차 산업혁명**	인공지능, 빅데이터, 클라우드, 블록체인, 로봇 등을 활용한 개발·설계·생산·판매 등의 시스템 통합, 기계와 제품의 자율화

▲ 산업혁명에 대한 간략한 정의

　여전히 4차 산업혁명에 대한 설명은 명확하지 않네요. 왜 그럴까요? 이것은 동시대에 벌어지고 있는 일을 정의하니 그런 겁니다. 사실 아직은 어떤 일이 벌어질지 아무도 모릅니다. 이게 산업혁명이 될지도 알 수 없죠. 그건 우리의 먼 후손이 판단할 일입니다. 당장 내년 즈음에 나오는 책에는 4차 산업혁명의 핵심 기술에 '비대면(언택트, Untact)'이 추가될 가능성이 높습니다. 이전까지는 한 번도 언급조차 되지 않았던 기술인데 말이죠.

　2010년대 초반부터 4차 산업혁명은 컨설팅 회사, 시스템 구축 회사, 솔루션 판매 회사의 주요한 판매 전략이었습니다. 미디어의 기술 관련 면이 '4차 산업혁명'이라는 단어로 도배되다시피 했습니다. 마치 4차 산업혁명은 이미 다른 나라에서는 완성 단계이고, 우리는 막차라도 타지 않으면 구한말에 개항이 늦어 국치를 당했던 그런 순간을 맞게 될 것 같은 분위기였죠.

처음에는 빅데이터가 4차 산업혁명의 대명사였습니다. 하지만 시간이 지나도 큰 변화가 일어나지 않았죠. 그때 이세돌과 알파고(AlphaGo)의 대결이 벌어집니다. 인간이 상상하지도 못한 수로 인공지능이 연이어 이세돌을 이기자, 사람들은 이제 인공지능이 4차 산업혁명을 이끌 것이라 굳게 믿습니다. 그 후로 비트코인(Bitcoin)이 촉발시킨 블록체인(Block Chain)의 광풍이 휘몰아칩니다. 4차 산업혁명의 대표는 이제 블록체인으로 바뀝니다. 금방이라도 인터넷을 능가하는 변화를 블록체인이 만들어낼 것 같았습니다. 이런 상황이 반복되다 보니 4차 산업혁명의 범위가 너무 넓어지고 뭐가 뭔지 모르는 지경이 되어 버렸습니다. 사람들은 이제 '4차 산업혁명'이란 개념에 식상함마저 느끼죠. 그와 동시에 그 실체를 의심하기 시작했기 때문에 4차 산업혁명을 더 이상 세일즈 포인트로 사용하기 어려워진 겁니다. 10년 가까이 많은 사람들의 배를 불리고, 또 어떤 사람들을 힘들게 했던 '4차 산업혁명'이라는 용어는 이제 서서히 용도 폐기의 길을 걷게 되었습니다.

그러다가 그 자리를 대체한 것이, 혁명이라는 약간의 촌스러움과 엄청난 무게감은 벗어 던지고 약간의 모호함과 세련됨으로 치장한 '디지털 전환'이라는 개념입니다. 4차 산업혁명이 아직 오는 중인지, 지금 지나는 과정인지는 모르겠지만, '4차 산업혁명'이라는 큰 파도에서 살아남으려면 '디지털 전환'이라는 것을 반드시 사전에 수행해야 한다는 것으로 논조를 바꾼 것입니다. 디지털 전환이 미래에 본격적으로 다가올 4차 산업혁명에 대한 사전 준비 작업이 되어버린 겁니다.

그렇다고 지금까지 진리처럼 받들었던 4차 산업혁명을 완전히 버릴 수는 없습니다. 4차 산업혁명은 실질적인 권력은 없고, 명예만 있는 상황이라 자리를 옮기게 됩니다. 새롭게 왕이 된 디지털 전환은 기업 영역에서 구체적인 것을 맡게 되었습니다. 기업을 제외한 정치, 경제, 사회 등의 광범위한 영역은 상왕이 된 4차 산업혁명이 맡게 되었고요. 이 말은, 아직은 기업 영역에서 디지털 전환이 실질적으로 이루어지고 있다는 뜻입니다.

디지털 전환은 영어로 'Digital Transformation'이라 하고, 줄여서 'DT'라고 하며, 때로는 '디지털 혁신'으로도 부르죠. 간혹 X가 가지는 변화 이미지를 가져와서 'DX'라고도 부르는데, 이 책에서는 '디지털 전환'이라는 용어로 통일하겠습니다.

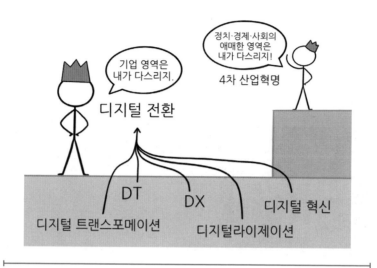

▲ 디지털 전환과 4차 산업혁명

사이퍼의 스테이크

'4차 산업혁명'에 비해 '디지털 전환'이 피부에 와 닿는 이유는, 용어 자체에 그 의미가 정확히 담겨있기 때문입니다. 디지털 전환은 말 그대로,

'무언가를 디지털로 바꾸는 것'

을 말합니다. 그러면 여기서 자연스럽게 질문이 하나 떠오르죠.

'무엇을 디지털로 바꾸는 걸까?'

이에 대한 답은 오래된 영화이지만, 2020년대의 현실을 가장 잘 담은 영화 '매트릭스(MATRIX, 1999년)'를 보면 나옵니다.

▲ 매트릭스(MATRIX, 1999년)

영화의 내용을 간단히 살펴보죠. 과학이 점점 발달하자 인간은 로봇을 하인처럼 사용합니다. 인공지능이 계속 발전하면서 로봇은 인지능력을 가지게 되었는데, 어느 날 로봇이 인간을 살해하는 사건이 일어납니다. 그 사건이 계기가 되어 로봇들이 반란을 일으키죠. 결국 로봇과 인간의 전쟁이 일어나고 인간은 패배합니다. 그 전쟁의 후반부에 인간은 어쩔 수 없는 선택을 합니다. 인공지능과 로봇은 결국 기계이니 배터리 같은 에너지원이 필요했죠. 지구의 에너지원은 근본적으로 태양이기 때문에 하늘을 시커멓게 덮어 버립니다. 그래도 결국 전쟁에서 인간은 패배하죠. 이렇게 되자 인공지능은 에너지원으로 인간을 선택합니다. 인간에게서도 약한 전류가 나오는 것을 이용한 것이죠. 인간을 마치 배터리처럼 사용하는 겁니다. 살아있는 배터리의 효율을 높이기 위해 인공지능은 인간이 일상생활을 하고 있는 것처럼 느끼게 할 필요가 있었나 봅니다. 그래서 인공지능은 인간에게 기억을 주입하죠. 세상의 모든 것을 디지털화해서 인간의 뇌에 연결된 선으로 기억을 입력하는 겁니다. 그러면 현실은 배양캡슐 같은 곳에 누워서 살아있는 배터리 역할을 하지만, 마치 자신이 지구에서 일상적인 생활을 하고 있는 것처럼 느끼게 됩니다. 처음 영화를 보았을 때는 스토리보다 화려한 액션에 집중해서 보았죠. 스토리는 개연성은 있지만, 그때는 가능할 것 같지 않았습니다. 그런데 이 글을 쓰기 위해 다시 보니 이건 현실과 비슷하네요.

▲ 스테이크를 바라보는 사이퍼(Cypher) (출처: 영화 '매트릭스' 중)

그렇다면 인공지능이 어떻게 세상 전체를 디지털화했을까요? 이것을 상징적으로 보여주는 장면이 있습니다. 인공지능에 대항하는 반란군에 '사이퍼(Cypher)'라는 사람이 있습니다. 이 사람도 배양캡슐에서 깨어나 반란군에게 구출되고 인공지능과 끝없는 싸움을 합니다. 그런데 이상한 거죠. 현실은 자신이 인공지능의 살아있는 배터리였을 때보다 더 비참합니다. 매일 먹는 건 영양소만 채워져서 무슨 맛인지도 모르는 죽이고, 생활하는 배 안은 좁고 지저분합니다. 아무것도 모르고 인공지능이 주입하는 기억 속에서 살 때가 더 나았다는 회의가 들기 시작하죠. 이 틈을 비집고 인공지능이 만든 요원이 달콤한 제안을 합니다. 다시 캡슐로 돌아가면 반란군으로 활동한 시기의 기억을 지우고 부자의 기억을 주입해 주겠다는 거죠. 사이퍼와 요원은 고급 레스토랑에서 만납니다. 피가 곧 떨어질 것 같은 스테이크를 보면서 그는 이렇게 말합니다.

"이 스테이크가 진짜가 아니란 걸 알아요. 입에 넣으면 매트릭스(인공지능)가 내 두뇌에 맛있다는 신호를 보내주겠죠."

요리의 맛도 디지털화될 수 있다는 건 지금은 상식이죠. 벌써 요리하는 로봇이 상용화되었으니까요.

자, 그러면 이제 '디지털 전환'을 정의해 볼까요? 앞에서 디지털 전환은 '무언가'를 디지털로 바꾸는 것이라고 했죠. 이제 '무언가'를 무엇으로 바꾸면 될까요? '스테이크'인가요? 그러면 스테이크는 무엇인가요? 바로 물질입니다.

디지털 전환은 이제 '물질을 디지털로 바꾸는 것'이 됩니다. 디지털

을 우리말로 한 번 더 바꾸겠습니다. 여기서는 '정보'라는 단어가 적합해 보이네요. 이제 디지털 전환은,

'물질을 정보로 바꾸는 것'

바로 이것이 됩니다.

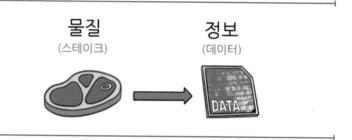

▲ 디지털 전환의 실체!

배신자 사이퍼가 들고 있는 스테이크 조각으로 다시 돌아갈게요. 일반적으로 맛은 혀에 있는 '미뢰'라고 부르는 미각세포에 어떤 물질이 닿으면 그 특징이 신경세포를 따라 뇌로 전달됩니다. 그리고 이 맛을 이미 기억 속에 잠재된 정보와 비교한 후 단맛, 신맛, 짠맛, 쓴맛, 감칠맛 또는 매운맛, 떫은맛 등으로 인식하는 것입니다. 이것을 간단히 디지털화해 볼까요? 단순화하면 스테이크가 가지고 있는 단맛, 신맛, 짠맛 등을 수치화해서 나타내면 됩니다.

사이퍼의 스테이크

▲ 맛있겠죠? 침이 확 고이면 넌 인공지능!

앞에서는 이해를 돕기 위해 간단하게 설명했지만, 사실 맛은 단순히 혀에 있는 미각세포를 통해 느껴지는 감각만 말하는 것은 아닙니다. 음식을 입에 넣었을 때 느껴지는 조직감과 온도, 목과 코로 퍼지는 향기, 먹기 전에 눈으로 보면서 느끼는 색깔과 형태 등 여러 가지를 복합적으로 종합한 것을 말하죠. 이들 중 하나라도 모자라거나 과하면 우리는 맛있다고 느끼지 못하고, 단번에 맛없는 음식이라고 단정 짓는답니다.

대략적으로만 봐도 진짜 스테이크 맛을 완벽하게 재현하려면 데이터의 양이 엄청나게 늘어나겠죠? 그래서 지금까지 요리가 인간의 전유물일 수 있었던 겁니다. 하지만 지금은 센서를 통해 맛 정보를 빠르게 수집할 수 있고, 인공지능으로 모아진 정보를 처리해서 로봇이나 3D 프린터로 재현할 수 있는 기술적인 환경이 만들어졌어요. 물론 아직 부족한 부분이 많고 가성비가 좋지 않다는 한계가 있죠.

물질을 정보화하는 것에 대해 좀 더 알아볼까요? 가장 쉽게 디지털 전환이 가능한 것이 음악과 그림입니다. 도, 레, 미와 같은 음계 자체가 바로 디지털로 전환이 가능하죠. 즉 도=1, 레=10, 미=11과 같은 방식입니다.

음반산업 자체가 디지털 전환의 첫 희생자가 된 이유도 여기에 있습니다. 중세시대에 제대로 된 오케스트라 음악을 들으려면 수많은 악사와 악기라는 물질을 한자리에 모아야만 했죠. 그것이 자기레코드의 형태로 1차 정보화되었습니다. 그래도 그때는 LP판이나 카세트테이프, CD 등의 실체가 있었습니다. 하지만 그것이 급기야는 랜선 속으로 녹아 들어가 버렸죠. 지금은 과거의 천재 작곡가들의 음악을 디지털화해서 인공지능에게 학습시킨 후 작곡까지 기계가 하고 있습니다.

K-pop을 이끌어가는 몇몇 대형 기획사들은 실제로 작곡 작업에 인공지능을 도입하기도 했습니다. 히트한 곡들을 코드화해서 사람들이 특히 좋아하는 부분을 학습시킨 후 유사하게 작곡하게 하는 것이죠. 그리고 그 결과물을 작곡가가 선택해서 자신의 멜로디와 섞어 곡을 완성하고 있습니다. 아마도 처음부터 끝까지 인공지능이 할 수 있을 겁니다. 하지만 아직까지는 인간에게 마지막 터치를 맡기고 그 사

람의 이름으로 곡을 발표합니다. 여전히 우리에게는 스타가 필요하니까요.

1 000000 R - 000 G - 000 B - 000	333333 R - 051 G - 051 B - 051	666666 R - 102 G - 102 B - 102	999999 R - 153 G - 153 B - 153	CCCCCC R - 204 G - 204 B - 204	FFFFFF R - 255 G - 255 B - 255
2 000033 R - 000 G - 000 B - 051	333300 R - 051 G - 051 B - 000	666600 R - 102 G - 102 B - 000	999900 R - 153 G - 153 B - 000	CCCC00 R - 204 G - 204 B - 000	FFFF00 R - 255 G - 255 B - 000
3 000066 R - 000 G - 000 B - 102	333366 R - 051 G - 051 B - 102	666633 R - 102 G - 102 B - 051	999933 R - 153 G - 153 B - 051	CCCC33 R - 204 G - 204 B - 051	FFFF33 R - 255 G - 255 B - 051
4 000099 R - 000 G - 000 B - 153	333399 R - 051 G - 051 B - 153	666699 R - 102 G - 102 B - 153	999966 R - 153 G - 153 B - 102	CCCC66 R - 204 G - 204 B - 102	FFFF66 R - 255 G - 255 B - 102
5 0000CC R - 000 G - 000 B - 204	3333CC R - 051 G - 051 B - 204	6666CC R - 102 G - 102 B - 204	9999CC R - 153 G - 153 B - 204	CCCC99 R - 204 G - 204 B - 153	FFFF99 R - 255 G - 255 B - 153

▲ RGB 값의 일부

그림도 유사합니다. 그림의 기본 구성 요소는 색깔이 있는 점이죠. 그 점들을 모으면 한 폭의 초상화나 수려한 산수화가 되기도 하죠. 그리고 그 색깔의 점은 RGB라는 형태로 정보화할 수 있어요.

피카소의 그림도 잘게 분할해서 4,800만 개 정도의 점으로 나누어 각각의 점을 RGB 값으로 바꾸면 최신 카메라로 찍은 사진 수준의 그림이 되는 거죠. 스마트폰 사양에서 자주 보는 화소가 바로 이것입니다. 더 정밀하게 표현하려면 화소를 높여야 하는데, 이에 비례해서 정보량은 늘어나겠죠.

음악과 마찬가지로 피카소의 수많은 작품을 정보화한 후 인공지능에게 학습시키면 유사한 그림을 그릴 수 있습니다. 최근에 이러한 시도가 몇 번 있었는데, 최종 작품을 전시회에 전시하자 전문가들도 구분하지 못했다고 합니다.

스테이크, 음반, 그림까지 세상 모든 것이 기술적인 문제만 해결된다면 거의 완벽하게 정보화가 가능합니다. 이렇게 물질의 영역이 계속 정보화될수록 데이터의 양이 늘어날 겁니다. 데이터가 계속 늘어나다 보면 기존의 기술로는 보관과 처리에 문제가 되는 지점에 도달할 것입니다. 그 정도로 데이터가 많이 쌓인 상태를 '빅데이터(Big Data)'라고 합니다.

빅데이터를 보관하고 처리하기 위해 고안된 기술이 바로 '클라우드(Cloud)'와 '인공지능(Artificial Intelligence)'입니다. 새로운 기술에 의해 빅데이터의 보관과 처리가 가능해지자, 더 많은 물질의 영역이 정보화되고 처리 속도도 훨씬 빨라지고 있습니다. 그 결과, 데이터는 그냥 증가 수준이 아니라 폭발한다고 할 정도가 됩니다. 그러면 다시 보관과 처리 기술이 발전하고, 디지털 전환의 영역은 넓어지며, 속도는 더욱 빨라집니다. 이렇게 해서 사이클이 하나 만들어지는 것입니다.

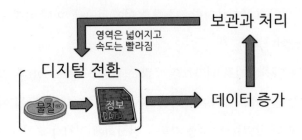

▲ 디지털 전환 사이클

　지금까지의 내용을 정리해 보죠. 디지털 전환은 '물질을 정보로 바꾸는 것'이고, 물질이 정보로 바뀌는 영역이 늘어날수록 데이터가 증가하며, 그 양이 기존의 보관과 처리 방식으로 해결할 수 없는 지점에 이르면 이것을 해결할 새로운 기술을 고안하게 됩니다. 이렇게 고안된 기술 때문에 디지털 전환의 영역은 더욱 넓어지고 속도는 훨씬 빨라져서 사이클이 하나 만들어지는데, 이것을 '디지털 전환 사이클'이라고 부르겠습니다.

디지털 전환 인사이트 – 우주선의 조종석

　2020년 5월 31일 새벽, 엘론 머스크(Elon Reeve Musk)가 설립한 스페이스X가 '크루 드래곤(Crew Dragon)'이라는 민간 유인 유주선 발사에 성공했습니다. 일개 민간 회사가 우주인이 탑승한 유인 우주선을 쏘고 국제우주정거장(ISS; International Space Station)에 도킹까지 성공했으니 대단한 일이죠. 그 결과, 수많은 기사가 쏟아져 나왔는데, 그중 구석에 있던 한 장의 사진이 제 눈길을 끌었습니다. 아폴로 11호와 그동안 미국에서 쏘아 올린 우주왕복선(Shuttle), 그리고 크루 드래곤의 조종석을 비교한 사진이었습니다.

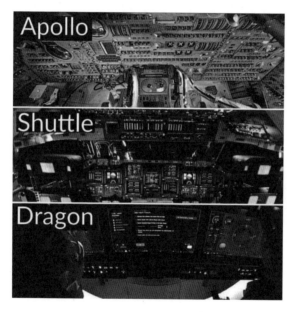

▲ 우주선 조종석의 극적인 변화

이 사진만큼 디지털 전환을 한눈에 보여줄 수 있는 것이 있을까요? 수많은 버튼과 기계 장치들은 우주왕복선에서 조금씩 스크린으로 흡수되었습니다. 크루 드래곤에서는 아폴로와 반대로 기계식 버튼이나 장치가 거의 보이지 않습니다. 자신이 아폴로 우주선에 탑승해야 한다고 상상해 보세요. 아마도 저 많은 버튼과 기계장치의 기능을 다 외우고, 어떤 상황에서도 동물처럼 본능적으로 조작할 수 있을 만큼 엄청난 훈련을 받아야 할 겁니다.

우주산업이 급속도로 발전해서 아주 저가에 스스로 우주선을 조종해서 지구를 벗어날 수 있다고 가정해 보죠. 그런데 우주선은 아폴로 수준입니다. 출발할 수 있을까요? 저는 안 될 것 같습니다. 피할 수 없는 사실은 디지털 전환이 일단 많은 것을 쉽고 효율적으로 바꿔준다는 점입니다.

2 | 디지털 전환의 핵심 기술 |

디지털 전환은 '물질을 정보로 바꾸는 것'이라고 정의했습니다. 정의를 하고 보니 말 그대로일 뿐이고 전혀 혼란스럽지 않습니다. 그런데 지금까지 왜 헷갈렸던 걸까요? 그것은 아마도 디지털 전환이 항상 그 시점에 새롭게 대두되는 신기술과 함께 언급되었기 때문일 겁니다.

그러면 디지털 전환은 왜 신기술과 항상 함께 이야기가 되어야 했을까요? 그 답도 이미 앞에서 살펴보았습니다. 디지털 전환으로 물질이 정보로 바뀌는 영역이 늘어나면, 자연스럽게 데이터가 증가하게 됩니다. 증가한 데이터 규모가 기존의 보관과 처리 방식으로 해결할 수 없는 지점에 이르면 이것을 해결할 '새로운 기술이 필요'해지는데,

여기서 기술이 엮입니다. 기술도 한두 가지가 아니라 대략 생각나는 것만도 열 가지는 넘는 것 같습니다.

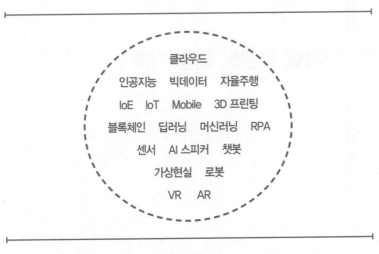

▲ 디지털 전환과 관련된 기술

갑자기 머리가 아파오죠? 하지만 너무 걱정하지 마세요. 이들 기술은 이 장의 마지막에 눈에 보이도록 정리할 겁니다. 우선 디지털 전환에 핵심적인 역할을 하는 다섯 가지 기술에 대해 다음 세 가지 관점에서 살펴보겠습니다.

첫째, 어떻게 해결할 수 없는 규모의 큰 데이터가 만들어지는가?
둘째, 기존의 방법으로 해결 불가능한 큰 데이터를 어떤 기술이 어떻게 보관하고 처리하는가?

셋째, 다섯 가지 기술이 어떻게 디지털 전환의 영역을 넓히고 전환 속도를 빨라지게 했는가?

그래서 결론적으로는 앞에서 정의한 '디지털 전환 사이클'에 다섯 가지 기술이 어떤 형태로 적용되는지를 알아볼 것입니다.

데이터가 늘어나는 이유

코로나사태로 사무실에서 마스크를 끼고 일하다가 너무 한가했던 어느 날, 무언가 재미있는 것이 필요했습니다. 그래서 무작정 모바일 메시지를 보내 '대한민국을 대표하는 네 명의 위인'을 답해 보라고 했어요. 처음 시작할 때는 간단하게 생각했지만, 생각보다 이 작업은 쉽지 않았습니다.

첫째, 질문을 받는 대상자들이 저의 순수함을 의심했습니다. 무언가 다른 의도가 있을 것이라고 생각한 거죠. 제가 이제까지 어떻게 살아왔나 되돌아보아야 했습니다.

둘째, 응답자들은 생각보다 네 명을 선택하기 힘들어 했습니다. 일단 1번, 2번은 금방 나왔습니다. 3번부터 고민하기 시작하더니 4번은 답변자의 절반 정도만 대답했습니다.

셋째, 설문조사를 수행하는 일과 결과를 정리하는 데 시간이 생각보다 오래 걸렸습니다.

괜히 시작했다고 수없이 후회했지만, 일단 시작한 것은 마무리해야 했습니다. 처음에는 주변 사람들에게 메신저로만 문의했습니다. 그리고 표본집단이 대한민국 40대 개저씨('개'와 '아저씨'를 합친 말로, 젊은이들이 개념 없는 아저씨를 부르는 명칭)로 한정되었다는 것을 곧 깨닫게 되었죠. 그래서 SNS의 도움을 받았는데, 하루 동안의 조사 결과는 다음과 같았습니다.

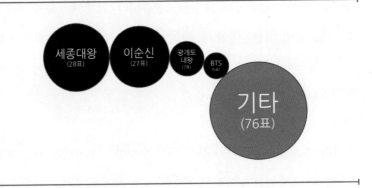

▲ 대한민국을 대표하는 네 명의 위인

대한민국을 대표하는 원투펀치(야구에서 팀의 1선발 투수와 2선발 투수를 지칭하는 말)는 의심할 여지가 별로 없었습니다. 1선발 세종대왕, 2선발 이순신 장군! 두 분을 선택한 이유도 비슷했습니다. 3선발부터 개인적인 가치관이 좀 들어가기 시작하더군요. 영토 확장을 선호하는 사람부터, '대한민국'이라는 이름을 세계에 알리는 것을 높게 생각하는 사람, 독립운동가와 같이 대의를 위해 개인을 희생하신 위인을 선호하는 사람까지 다양했습니다. 결과적으로는 3위는 광개토대왕이, 4위는 BTS가 차지했습니다.

중요한 건 여기서부터입니다. 과거였다면, 이런 종류의 설문조사 결과는 위와 같이 마무리되었을 것입니다. 1위부터 4위까지 집계하고 나머지는 기타로 남겨두었겠죠. 그 기타가 가장 큰 영역을 차지하고 있어도 말이죠. 그래서 제 수작업은 여기서 멈추지 않았습니다. 마지막 한 표까지 정리를 했죠. 주변에서 한심하게 바라보는 시선을 당당히 견뎌내면서요.

정리를 하다 보니, 순위에 들지 않았지만 엄청난 분들이 많이 계시더군요. 김구 선생님, 안중근 의사, 단군 할아버지, 정조대왕, 이런 쟁쟁한 분들이 기타에 들어가 있었던 겁니다. 정보를 잘라버리면 이런 일이 벌어지는 거죠. 그리고 더 중요한 것은 1표씩 나온 리스트였습니다. 이 부분이 가장 현실을 잘 반영하고 있었고, 개인의 취향도 가득했기 때문이죠. 펭수가 그렇게 살아남았습니다.

단지 이 정도의 정보를 만드는데, 혼자 작업을 하니 3일 정도의 시간이 걸렸습니다. 이것도 인터넷이나 SNS의 도움을 받았으니 조사

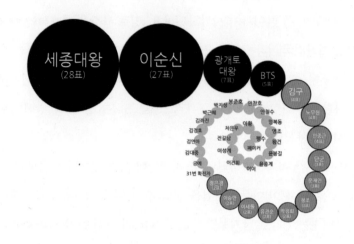

세종대왕
(28표)

이순신
(27표)

광개토
대왕
(7표)

BTS
(5표)

김구
(4표)

노무현
(4표)

안중근
(4표)

단군
(3표)

봉준호 안창호
박지성
차은우 안철수
김좌진 이하 양복동
김경호 영조
이황
김연아 전길남 원건
이성계 평수
김대중 페이커
궁예 윤봉길
이건희 윤종계
31번 확찰기 이이

정은경
(2표)
이승만
(2표)
이세돌
(2표)
유관순
(2표)
박정희
(2표)

문재인
(1표)

정조
(1표)

▲ 대한민국을 대표하는 네 명의 위인 – '기타' 항목을 나열했다.

시간이 많이 줄었다고 봐야 합니다. 과거처럼 일일이 설문지를 만들고 나눠준 후 결과를 모아서 집계했다면 훨씬 더 많은 시간이 걸렸을 겁니다.

많이 노력했지만, 사실 이 결과는 잠깐의 담소 거리는 되어도 유용하게 쓸 만한 정보는 아닙니다. 예를 들어, 작은 도시에서 시민들이 좋아하는 위인의 동상을 세우려고 합니다. 이 정보가 쓸모가 있을까요? 일단 원투펀치는 안 될 겁니다. 광화문에 동상이 앞뒤로 서 있으니까요. 나머지 분들 중에서 한 분을 골라야 하는데, 그러려면 추가 정보가 필요합니다. 투표한 사람들에 대한 정보, 그중에서 투표자의 고향, 현재 거주지 등의 정보가 있다면 큰 도움이 되겠죠.

청도(淸道)를 대표하는 위인은 대동여지도를 편찬한 고산자(古山子) 김정호입니다. 사실 이 조사를 시작하게 된 이유였죠. 언젠가 네이버에서 한국을 빛낸 네 명의 위인을 발표한 적이 있습니다. 그때 원투펀치는 그대로 세종대왕과 이순신 장군이셨고, 나머지 두 분이 정조와 김정호 선생이셨습니다. 처음 보았을 때 저는 '왜 이 분이?'라는 생각이 잠시 들었습니다. 그런데 조금만 생각해 보면 위인도 시대에 따라 달라지지요. 지도와 위치 정보가 중요해진 시대이니 김정호 선생이 4인에 들었나 봅니다. 어찌됐던 청도를 대표하는 분을 찾기 위해서는 단순히 위인의 이름만 가지고는 선정이 어렵습니다. 따라서 위인의 이름 외에 위인을 투표한 사람들의 성별, 연령, 정치성향 등도 조사할 수 있을 겁니다.

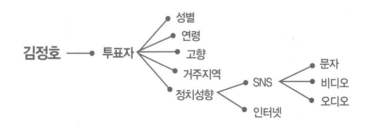

▲ 투표자의 특성 추가!

투표자의 성별, 연령, 특히 고향 및 거주지역을 모두 포함해서 설문지를 만들고 조사한다면 어떻게 될까요? 이런 내용이 들어 있는 두툼한 설문지를 길거리에서 받는다면 여러분은 어떻게 할 건가요? 저는 고개를 숙이고 빠르게 지나갈 것 같습니다. 그래서 인터넷 게시판이나 SNS에서 이런 정보를 가져올 수 있다면 좋겠죠. 그것도 정해진 형식의 문자뿐만 아니라 산문 형태, 비디오, 오디오까지 가져올 수 있다면 훨씬 진솔하고 정확한 정보가 될 겁니다. 하지만 문제는 이 정도의 정보만 조사하려고 해도 이미 수작업은 물 건너갔다는 거죠. 40여 명이 넘는 위인의 리스트를 투표자별로 성별, 연령, 고향 및 거주지역 등으로 정리하려면 어떨까요? 저는 생각만 해도 머리가 아프네요.

처음에 네 분의 대표 위인을 선정하고 나머지를 기타로 분류했던 것에 비하면 데이터가 엄청 늘어났다는 것을 쉽게 느낄 겁니다. '기타'로 표기된 물질(추상도 편의상 물질에 포함)의 영역을 디지털로 전환하면 데이터가 점점 많아집니다. 위인 사례를 보면 데이터는 다음 두 가지 관점에서 늘어납니다.

우선 기타를 실제 인물로 나열하면서 늘어나는 '데이터의 종적인 확장'입니다. 그리고 각 위인별 특성 정보나 그 위인을 투표한 사람에 대한 상세 정보가 추가되면서 늘어나는 '데이터의 횡적인 확장'이죠. 여기에 문자, 비디오, 오디오 등의 데이터 유형도 추가되어 더욱 다양해집니다. 이들 두 가지를 한꺼번에 고려하면 데이터는 폭발적으로 증가합니다.

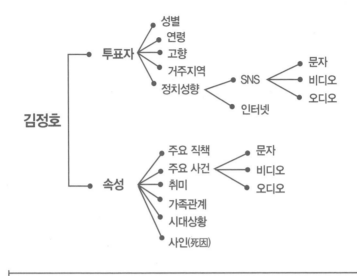

▲ 위인에 대한 상세한 속성 정보와 투표자의 상세 정보를 다양한 데이터 소스에서 받아올 수 있다.

이렇게 데이터의 양과 유형이 폭발적으로 증가해서 기존의 방법으로 보관이나 처리가 어려워지면 이것을 '빅데이터(Big Data)'라고 합니다. 물론 한국을 대표하는 위인을 정리한 것을 빅데이터라고 하지 않습니다. 여기서는 데이터의 양이 늘어나는 과정을 쉽게 설명하기 위한 사례 정도로 이해해 주세요.

이제 현실로 돌아가 보겠습니다. 현실 세계에서 처음으로 데이터가 감당하지 못할 정도로 늘어난 곳은 구글(Google)과 같은 포털 기업이었습니다. 인터넷이 예상보다 빠르게 주류로 자리 잡으면서 가입자가 폭발적으로 늘어났습니다. 여기에 개인 메일 서비스나 위치 정보 등 사용자별로 개인화가 필요한 항목들이 계속 늘어나면서 기존의 데이터 관리 구조로는 도저히 해결이 안 되는 상황에 이르게 되었습니다.

이것만도 감당이 어려운데, 더 무서운 놈들이 나타납니다. 바로 모바일과 사물인터넷(IoT; the Internet of Things)의 등장이죠. 지금까지 컴퓨터라는 곳에 들어갈 수 있는 데이터는 사람이 컴퓨터 앞에 앉아서 입력하는 것이 대부분이었습니다. 물론 로그 데이터와 같이 기계가 자동으로 생성하는 정보가 있었지만, 사물인터넷 때문에 이 판이 바뀌어버린 겁니다.

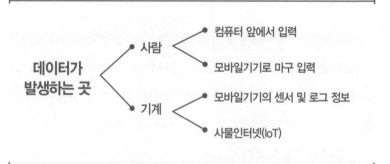

제가 처음 집에 컴퓨터를 사고 해 보려 했던 것이 일기 쓰기였습니다. 어떻게 되었을까요? 시작한 날의 일기만 어딘가에 남아있을 겁니다. 그런데 요즘에는 어떤가요? 일기를 넘어 '브이로그◆'라는 것이 유행입니다. 영상으로 하루 일과의 대부분을 기록하는 사람도 있습니다. 그것뿐만 아니라 인스타그램과 페이스북에는 내가 간 곳, 느낀 것, 좋아하는 것을 쉴 새 없이 업로드합니다. 이것은 모두 모바일의 위력입니다. 모바일기기가 일반화되기 전에는 데이터를 만드는 것이 무언가 특별한 일이었다면, 지금은 일상의 일부가 되어 버렸죠. 그만큼 데이터의 양은 폭발적으로 증가했습니다.

사람들이 만드는 데이터만으로도 넘치는데, 여기에 불을 붙인 것이 '사물인터넷'으로 부르는 IoT 기기입니다. IoT는 각종 센서들로 대표됩니다. 센서(Sensor)는 온도, 압력, 속도와 같은 물리적인 환경 정보의 변화를 전기적인 신호로 바꿔주는 장치를 일컫는 말입니다. 우리가 매일 들고 다니는 스마트폰에도 몇 가지 센서가 내장되어 있죠. 대표적인 것이 가속도 센서로, 걸음걸이를 전기적 신호로 바꿔주고 이것을 해석해서 하루에 몇 보를 걸었는지 알 수 있게 합니다. 스마트폰에만도 10여 개의 센서가 들어 있습니다.

◆ 브이로그(VLOG): 동영상으로 쓰는 일기. '비디오(Video)'와 '블로그(Blog)'의 합성어로, 개인 SNS에 글을 쓰듯 영상으로 기록을 남기는 것을 의미합니다. 과거에 텍스트 중심으로 남기던 일기를 한 편의 영상으로 제작해 올리는 것입니다. 브이로그는 유튜브 등 동영상 플랫폼 및 각종 인터넷 스트리밍 플랫폼을 매개로 하고 있으며, 특정 주제보다는 일상적인 이야기를 주로 다룬다는 특징이 있습니다.

손바닥에 반사되는 적외선
감지하여 손동작 인식
에어 제스처 기능 몽몽
터치 없이 손동작만 인식 가능
제스처 센서

적외선 활용하여 스마트폰이
신체에 가까이 위치하는지 인식
다이렉트 콜이나
통화중 화면 끄기
근접 센서

RGB 센서
광원의 Red, Green, Blue
White별 세기 측정

자이로 센서
단말기 회전 상태를 3축으로 감지하여
스마트폰의 기울기 인식
얼굴인식 가능

홀 센서
플립 커버의 개폐 상태 인지

가속도 센서
단말기 이동 상태를 3축으로 감지
만보계

온도/습도 센서
주변 환경 온도 습도 파악

기압 센서
현재 위치의 기압 파악
기압차 및 경사도 계산하여
칼로리 소모 측정 어플

지자기 센서
자기장 세기를 3축으로 감지
정확한 방위 측정

NAVER

▲ 스마트폰에 사용되는 센서의 종류(출처: 네이버)

    센서는 어떤 값을 측정하느냐에 따라 구분되며, 스마트폰에 내장된 10여 개의 센서를 포함해서 약 200여 가지가 있다고 합니다. 일상생활 속에서 쉽게 접할 수 있는 센서에는 온도 센서, 습도 센서, 초음파 센서, 압력 센서, 가스 센서, 가속도 센서, 조도 센서 등이 있고, 맥박이나 혈압, 혈당, 산소포화도(SpO_2) 등을 측정하는 바이오 센서들도 의료기기나 헬스케어 장치에 많이 이용됩니다. 이런 정보는 IoT 기기를 통해 자동으로 기록되고, 기계에서 기계로 전달(M2M; Machine to

Machine)되는 경우가 많습니다. 사람이 중간에 있으면 상황에 따라 사정이라도 봐주겠지만, 기계는 가차없기 때문에 정말 데이터가 터져 나갑니다. 이젠 더 이상 '큰 데이터'라고 대충 부를 수가 없어서 정식으로 '빅데이터'란 이름을 붙여주었습니다. 사실 '빅데이터'라는 용어는 오래 전부터 있었습니다. 다만 존재감이 없었을 뿐이죠.

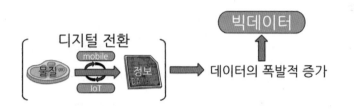

▲ 빅데이터의 출현

여기서 의문점이 생깁니다. 데이터는 언제까지 늘어나는 걸까요? 대충 어느 정도까지 증가되는지 예상되어야 보관할 곳과 처리 방법을 찾을 수 있으니까요. 논리적으로 따지면 디지털 전환이 완성되면 됩니다. 마치 영화 '매트릭스'가 그린 세상처럼 모든 세상이 정보화되어 버리면 끝나겠죠. 모든 물질의 영역이 전부 정보로 바뀌면 끝나는 겁니다. 그런데 그게 가능할까요?

아주 간단하면서도 절망적인 사례가 있습니다. 원주율 아시죠?

3.14로 시작되는 π(파이)말입니다. 컴퓨터가 나오기 전에 인간이 계산한 것은 수백 자리의 숫자에 불과했습니다. 인간이 컴퓨터의 도움을 받아 계산한 자릿수는 현재까지 수십 조에 이릅니다. 그러나 그 수십 조 자릿수조차 원주율의 무한 수에 비하면 수학적으로는 0에 가깝습니다. 너무 절망적이네요! 수십 조 자리를 계산했는데 무한에 비하면 '0'에 가깝답니다. 이 말은 데이터량이 늘어나는 것에 한계가 없다는 뜻입니다.

좀 더 현실적인 이야기를 해 볼까요? 디지털 사진을 예로 들어볼게요. 초창기에 디지털카메라가 나왔을 때 100만 화소도 되지 않았습니다. 그냥 눈으로 봐도 필름카메라로 찍은 사진과 해상도에서 상대가 되지 않았죠. 그래서 디지털카메라는 곧 사라질 것이라고 용감하게 예언하는 사람들도 있었어요. 그런데 2020년에 출시된 S20 울트라는 1억 800만 화소로, 100배 넘게 화소가 높아졌습니다. 이에 비례해 데이터의 크기도 커졌지만, 이것도 π(파이)와 근본적으로 같은 운명입니다. 아무리 더 선명하게 만들어도 데이터의 원천 자체와 비교하면 0에 가까운 것이죠. 결국 데이터는 끝없이 늘어날 거라는 뜻입니다.

서두에서 던진 첫 번째 질문인 '어떻게 해결할 수 없는 규모의 큰 데이터가 만들어지는가?'에 대해 어느 정도는 답한 것 같습니다.

빅데이터의 보관과 처리

이번에는 두 번째 질문인 '기존의 방법으로 해결 불가능한 빅데이터를 어떤 기술이 어떻게 보관하고 처리하는가?'에 대해 알아보겠습니다. 컴퓨터 기술이 빨리 발달해서 서버(운영 안정성을 높인 좀 비싼 컴퓨터)와 스토리지(전문 데이터 저장소, 하드디스크를 모아놓았다고 생각하면 됨) 가격이 저렴해지고 속도가 빨라져도 어느 정도의 대량 데이터 처리만 가능할 겁니다. 그것도 서버와 스토리지 같은 자원을 제때 계속 사서 용량을 늘렸을 때 말입니다. 그래도 이런 방식으로는 기하급수적으로 늘어나는 데이터 문제를 근본적으로 해결할 수 없어요.

데이터도 재고와 같습니다. 그냥 쌓아 놓기만 해도 서버나 스토리지가 필요하고 이에 따른 유지 비용이 지출됩니다. 특히 기업용 서버와 스토리지는 비싸죠. 그런데 데이터는 지금까지 설명한 이유 때문에 한계 없이 계속 늘어나는 겁니다. 서버와 스토리지를 그 속도에 따라 늘렸다가는 비용을 감당할 수 없습니다. 그래서 싸게 데이터를 잘 관리하고 활용할 수 있는 방법을 고민하는 것입니다.

기존의 데이터 관리 구조로 커버가 안 될 만큼 갑자기 데이터가 늘어난 곳은 구글(Google)로 대표되는 포털 기업이었습니다. 그러면 기존의 데이터 관리 구조가 어땠길래 한계에 봉착하게 된 걸까요? 이것을 이해하려면 좀 따분한 컴퓨터 구조에 대한 이야기를 해야 합니다.

기본적인 컴퓨터의 구조는 폰 노이만(John von Neumann)이 제시한 모델입니다.

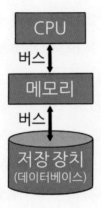

▲ 전통적인 컴퓨터의 구조

'메인보드'라고 부르는 회로기판(PCB)에 중앙 처리 장치(CPU)가 꽂혀 있고, 이것을 중심으로 메모리와 저장 장치가 연결된 구조입니다. 모든 PC와 서버, 심지어 스마트폰까지 이 구조를 기반으로 만들어졌습니다. 하지만 이 구조로 성능을 업그레이드하려면 중앙 연산 처리 장치의 개수를 늘리고, 메모리의 크기를 확장해야 하며, 여러 개의 저장 장치를 연결해야 한다는 문제가 있죠. 일단 이런 식의 확장 자체에 물리적인 한계가 있습니다.

처음에는 비싼 서버와 스토리지 비용을 감당할 수 없어서 궁여지책으로 사양이 낮은 여러 대의 개인용 PC를 네트워크로 연결해 붙여나가는 시도를 합니다. 이 시도가 성공하면 다음 두 가지 문제가 해결됩니다.

첫째, 계속 늘어나는 데이터를 보관할 장소 문제가 해결됩니다. 네트워크로 저사양 PC를 병렬로 연결해서 쓸 수 있다는 것은 네트워크만 연결되면 전 세계의 모든 자원을 필요할 때마다 끌어다 쓸 수 있다는 의미가 되니까요.

둘째, 사정없이 밀려드는 데이터를 빠르게 처리할 컴퓨팅파워를 가지게 됩니다. 여러 서버가 가진 두뇌(CPU, 중앙 처리 장치)에 일을 골고루 나눠줄 수 있으니까요.

두 가지 기술 중 첫 번째 기술은 네트워크로 서버나 PC를 가상으로 연결해 마치 하나처럼 사용한다고 해서 '서버 가상화 기술'이라고 합니다. 두 번째 기술은 병렬로 연결된 서버나 PC에 일을 분산시킨 후 각자 가진 CPU의 능력을 동시에 사용해 일을 처리하기 때문에 '분산 처리 기술'이라고 합니다. 이들 두 가지 기술이 클라우드 컴퓨팅의 핵심 기술인데, 앞으로는 줄여서 '클라우드(Cloud)'라고 부르겠습니다.

이렇게 해서 두 번째 의문이 해소되었습니다. 기존의 방법으로 해결할 수 없었던 큰 데이터를 어떤 기술이 어떻게 보관하고 처리하는가에 대한 답은 클라우드의 가상화와 분산 처리 기술이 되겠죠. 좀 더 자세한 내용을 알고 싶으면 'THEME 02 기술편'을 참고하세요.

이제 빅데이터는 의지할 언덕이 생겼습니다. 충분한 보관 장소와 기본적인 처리 방법이 있으니 걱정 없이 크기를 키울 수 있게 된 거죠. 그리고 여기에 디지털 전환을 가속화시킬 하나의 요인이 더 생깁니다. 클라우드가 새로운 비즈니스 모델을 만들어냈기 때문입니다.

신문기사였는지, 책인지 기억이 명확하지는 않지만, 외국인이 한국인을 보면서 이상하다고 느낀 것을 정리했는데, 그중에서 인상적인 하나의 내용은 대략 이렇습니다.

"한국인은 100제곱미터가 넘는 깔끔한 아파트에 살고, 60인치가 넘는 TV에 무풍에어컨, 세탁기와 건조기가 대화하는 인공지능 가전에, 고급 자동차를 소유하고 살면서 스스로를 가난하다고 생각한다."

그 전까지는 저도 그랬던 것 같은데, 그 기사를 보고 생각을 바꾸었어요. 저는 가난하지 않더라고요. 그런데 사실 우리가 아파트에 살기 시작한 것이 40년도 채 되지 않았습니다. 제가 어렸을 때만 해도 1급 발암물질이 나오는 슬레이트를 지붕에 얹고, 벽은 콘크리트 벽돌로 대충 지어서 여름에는 덥고 겨울에는 추웠습니다. 저는 시골이라 콘크리트 벽돌도 없어서 흙으로 벽을 친 집에서 살았습니다. 지금은 '황토방'이라고 하겠네요. 집을 짓는 것도 전문적인 업자가 없어서 시골에서는 동네 장정들이 같이 힘을 모아 짓기도 했습니다. 구들장이라는 아궁이 부분만 기술자가 왔죠. 갑자기 웬 옛날이야기를 하냐고요? 이것이 클라우드와 관계가 있기 때문입니다.

최근 통계를 보니 우리나라의 아파트 주거 비율이 대략 50% 정도 됩니다. 오피스텔, 다세대/연립까지 포함하면 75% 이상이 단독주택이 아닌 공동주택에 주거하고 있습니다. 그래서 혹자는 대한민국을 '아파트공화국'이라고 하며, 아파트를 줄여야 한다고 주장하기도 하죠.

저는 이런 사회적인 문제는 논하고 싶지 않지만, 딱 한 가지 주거 환경만 따져보겠습니다. 40년 전 아파트가 없을 때 지금 신축 아파트 정도의 주거 환경과 녹지, 온수와 난방 시설을 관리할 수 있는 저택을 지으려면 어느 정도의 재력이 필요했을까요? 제 기억을 되돌려보면 대리석으로 마감된 온수가 콸콸 나오는 단독주택은 우리 동네에는 없었습니다. 옆 동네에 하나 있었는데, 그 시절 엄청 부자였습니다. 그런데 그 집도 행복하지는 않았어요. 겨울에 난방비가 엄청 나왔고, 여름에 일주일만 마당을 방치하면 폐가처럼 잡초가 우거졌거든요.

요즘 강남 아파트 가격이 논란의 중심에 있죠. 아파트가 엄청 비싸다고 하는 사람도 있을 겁니다. 서울 일부 지역을 제외하고, 지방에 가면 좀 낮은 가격에 생활 환경은 서울보다 좋은 곳도 많습니다. 어찌됐던 내가 사고 싶은 곳의 아파트를 무조건 살 수는 없지만, 마음만 먹으면 아파트는 단독주택보다는 비교적 쉽게 살 수 있습니다. 아파트는 단독주택을 지을 때처럼 땅을 사고, 건축 허가를 받고, 설계사무소에서 설계를 하고, 시공을 하고, 감리를 하고, 그 과정에서 속을 썩을 필요가 없습니다. 내 경제력에 맞고 우리 가족의 라이프 스타일에 맞는 아파트를 잘 찾은 후 돈만 내고 이사하면 되죠. 클라우드가 정보 시스템 영역을 이렇게 만들어 버리는 것입니다.

서버를 가상화하여 여러 개를 하나처럼 쓸 수도 있고, 하나를 여러 개로 나눠서 쓸 수도 있게 되었습니다. 그럼 어떤 비즈니스가 가능할까요? 아마존 같은 큰 회사가 서버와 스토리지를 엄청 삽니다. 그리고 그것을 가상화해서 필요로 하는 회사에 일정 기간 동안 일정 금액을 받고 빌려주는 것이죠. 이 영역에서 아마존이 지금은 절대 강자입니다. 그래서 2018년 11월 22일 오전에 재미있는 일이 있었죠. AWS 서버가 다운되었는데, 난데없이 배달의민족과 쿠팡에 접속이 안 되었습니다. AWS는 아마존의 클라우드 서비스 전문 회사였고, 배달의민족과 쿠팡이 AWS의 서버와 스토리지, 네트워크 장비를 빌려 쓰고 있었던 겁니다.

그러면 클라우드 서비스라는 비즈니스 모델이 만들어지고, 그 서비스를 회사들이 빌려 쓰는 것이 디지털 전환과 어떤 관계가 있을까요? 정답은 간단합니다. 과거에는 사업을 막 시작한 회사나 소규모 회사에서 정보 시스템을 쓸 수 없었지만, 이제는 쓸 수 있게 되었다는 점입니다. 그리고 그런 회사에서도 데이터가 쏟아져 나오기 시작한 것이죠.

▲ 정보 시스템의 사용 문턱을 낮춘 클라우드 서비스

    불과 20년 전만 해도 정보 시스템을 사용할 수 있는 회사는 전체 회사의 아주 일부였습니다. 일단 정보 시스템을 구축하려면 서버를 비롯한 비싼 하드웨어를 사야 했고, 그것을 둘 기계실('서버실'이라고도 불렀음)도 만들어야 했죠. 그것뿐만 아니라 시스템을 운영할 팀을 구성해야 합니다. 아무리 소규모의 시스템을 운영해도 최소 10여 명은 뽑아야 하기 때문에 소규모 회사나 막 사업을 시작하는 단계에서는 상상도 할 수 없는 일이었죠. 그랬던 것이 마치 아파트처럼 정보 시스템을 살 수 있게 된 겁니다. 게다가 굳이 내가 등기해서 소유하고 보유세를 낼 필요도 없죠. 계약 조건에 따라 다달이 월세를 내듯이 사용료만 내면 내가 사업하는 데 필요한 정보 시스템 지원을 받을 수 있게 되었으니까요. 이제는 거의 모든 회사가 적어도 일부 영역에서는 정보 시스템을 사용하고 있고 그 결과로 데이터를 만들어내는 것입니다. 그래서 물질 영역은 좀 더 정보화되었고 디지털 전환은 더욱 가속화되었어요. 이것이 바로 세 번째 질문이었던 클라우드 기술이 어떻게 디지털 전환의 영역을 넓히고 전환 속도를 빨라지게 했는가에 대한 답입니다. 이 질문에 대한 답은 아직 조금 더 남아있습니다.

디지털 전환 사이클의 완성

어느 날 천하에 둘도 없는 미녀와 추녀가 함께 마을을 방문했습니다. 그리고 하룻밤을 묵기 위해 어느 집의 대문을 두드렸습니다. 집주인이 나가보니 눈이 부실 정도의 미인이 서 있기에 누군지 물었습니다.

"저는 모든 것을 가능하게 하는 '인공지능'입니다."

집주인은 미녀를 집 안으로 반갑게 맞았습니다. 그리고 다시 누군가가 대문을 두드리기에 나가보니 이번에는 누더기를 걸친 추녀가 서 있었습니다. 주인이 재차 누군지 물었습니다.

"저는 모으기는 힘들고, 분석하기는 더 어려운 '빅데이터'라고 합니다."

추녀의 말이 떨어지기가 무섭게 주인은 당장 꺼지라면서 그녀를 내쫓았습니다. 문 밖으로 쫓겨난 추녀가 말했습니다.

"먼저 집에 들어간 여자는 제 언니랍니다. 우리 자매는 언제나 함께 다니지요. 제가 쫓겨나면 언니도 함께 이 집을 떠날 겁니다."

'빅데이터'와 '인공지능'이라는 이름의 두 자매는 곧바로 그 집을 떠나버렸습니다.

불교 경전 '아함경'의 우화를 각색해 보았습니다. 자매는 각각 '행운'과 '불행'을 상징합니다. 행운과 불행이 항상 동행하듯이 디지털 전환의 세계에서는 인공지능과 빅데이터가 그런 관계죠.

클라우드의 기여로 어쩌다 보니 데이터가 총알무덤처럼 쌓여 버렸습니다. 하지만 아직 내가 가진 것은 소총이어서 20발씩 들어가는 탄

▲ 기존 체계는 감당할 수 없는 빅데이터

창에 넣어서 쏠 수 밖에 없는 형편입니다. 산처럼 쌓여있는 총알무더기를 보니 한숨부터 나옵니다. 저걸 한 발씩 다 쏴 보려니 몇 달을 쏴도 안 될 것 같습니다. 그리고 이런 걱정을 하고 있는 순간에도 총알은 계속 쌓입니다. 어디 산에 가서 파묻어야 할지 고민스럽기만 하죠.

데이터가 감당하지 못할 정도로 많이 쌓인 것을 '빅데이터'라고 했습니다. 빅데이터가 되면 기존의 방식으로는 처리가 어렵다고 했습니다. 그래서 클라우드의 가상화와 분산 처리 기술로 일단 급한 불은 껐습니다. 가상화로 저장소는 무한대로 늘어났으니 보관은 해결되었고, 수백 자루의 소총을 가져와서 나눠서 쏘는 형태인 분산 처리로 총알도 어느 정도 소진되고 있습니다. 그런데 데이터가 더 급격히 늘어나기 시작하는 겁니다. 소총으로는 감당이 안 되는 상황이 와서 총 자체를 바꿔야 할 시점이 온 겁니다. 기관총이 필요해진 거죠. 빨리 쏘고 많이 쏴야 하니 총열 자체가 달라야 합니다. 총만 좋으면 뭐합니까? 총알을 빨리 공급할 수 없다면 허사입니다. 그래서 탄창도 빅데이터용으로 바꿔야 하고, 소총의 수백 배, 더 나아가 무한대로 총알을 연결해서 계속 쏠 수 있는 체계를 만들어야 합니다. 그 체계는 미녀 언니와 추녀 동생이 함께 만들지 않는 한 절대로 완성되지 않죠.

미녀 언니와 추녀 동생이 왜 항상 함께해야 하는지에 대해 이해하려면 먼저 인공지능에 대한 지식이 조금 필요합니다. 알파고가 빅히트를 친 이후 인공지능이라고 하면 머신러닝 기반의 딥러닝을 바

인공지능

빅데이터

▲ 데이터를 빠르게 처리하는 인공지능 총열과 대량의 데이터를 총에 공급하는 빅데이터 탄창

로 떠올리게 되었습니다. 뒤에서 인공지능의 간략한 역사를 살펴보면 알게 되겠지만 머신러닝은 인공지능의 한 갈래일 뿐입니다. 물론 지금은 머신러닝이 대세가 되어버려서 인공지능의 대명사가 된 것을 부정할 수는 없습니다. TV를 보면 하루에 최소 10번 이상은 '인공지능'이라는 말이 들어간 광고를 보게 됩니다. 특히 가전제품, 그중에서도 세탁기, 냉장고는 거의 필수입니다. 그런데 여러분이 구매한 인공지능 세탁기가 만약 머신러닝을 한다면 이번 달보다 다음 달에는 빨래를 더 잘해야 되는 거잖아요. 그런데 저희 집 세탁기는 게을러서 공부를 안 한 건지 하는 행동이 샀을 때와 똑같습니다. 머신러닝이 아닌 전통적인 인공지능도 사용되고 있다는 거죠. 솔직히 말해서 요즘 인공지능이라고 말하는 기술의 절반 이상은 정해진 절차를 반복적으로 수행하는 자동화입니다.

인공지능은 영어로 'Artificial Intelligence'입니다. '사람이 인공적으로 만든 지능'이라는 의미죠. 꽤 명확해 보이지만, 지능이라는 것이 아직 학자들 사이에서도 의견이 분분하다는 게 문제입니다. 그렇다 보니 어디까지가 인공지능인지가 헷갈리는 것이죠. 게다가 60년이 넘는 인공지능의 긴 역사도 한몫을 합니다. 여기서는 간략한 역사만 살펴보겠습니다.

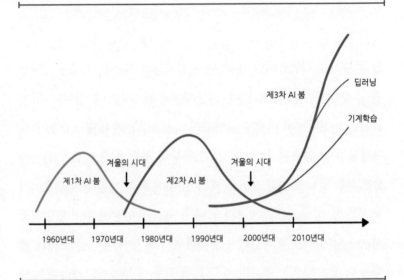

▲ 인공지능의 간략한 역사

첫 번째 인공지능 붐은 1950년대 후반부터 1960년대까지를 말하는데, 이 시기는 '추론'과 '탐색'을 중심으로 연구가 이루어집니다. 미

THEME 01 | 개념편 |

로 찾기를 생각하면 되는데, 기계가 자동으로 최적의 방법을 찾는 겁니다. 기계가 스스로 미로를 찾고 퍼즐을 푸니까 사람들은 열광했습니다. 하지만 곧 한계를 드러냅니다. 미로나 퍼즐 같은 한정된 상황의 문제만 해결할 수 있었고 현실의 문제는 풀 수 없었기 때문입니다. 수많은 변수가 존재하는 현실의 문제를 풀기에는 당시의 컴퓨팅 능력이 너무 부족했거든요.

긴 겨울이 지나고 두 번째 붐은 1980년대에 찾아옵니다. IBM의 '왓슨(Watson)'으로 대표되는 '전문가 시스템'의 시대였습니다. 왓슨이 유명해진 것은 미국의 인기 퀴즈 프로그램 '제퍼디!(Jeopardy!)'에 출현해서 인간 챔피언을 가볍게 이겨버렸기 때문입니다. 사람들은 경악했죠. 기계가 인간보다 똑똑해진 것처럼 보였으니까요. 하지만 사실 왓슨은 퀴즈의 질문 자체를 이해한 건 아니었죠. 질문에 포함된 키워드와 관련된 대답을 지식 데이터베이스에서 찾고, 그중에서 정답일 확률이 가장 높은 것을 대답한 것에 불과했죠. 그러다 보니 분명한 한계가 있었습니다. 인간이 넣어 준 지식 이외의 것은 대답할 수 없었기 때문이죠. 그런데 인간이 알고 있고, 알고 싶은 지식은 너무 많았죠. 또한 새로운 지식은 계속 만들어지고 있었고요. 당시는 인터넷도 활성화되지 않았기 때문에 왓슨에게 지식을 계속 주입하는 것은 쉽지 않은 일이었습니다. 이 시점부터 인공지능이 먹을 '데이터'가 필요하다는 것을 알게 되죠. 그렇게 두 번째 겨울이 찾아옵니다.

1990년대 중반 검색 엔진이 나타나고 1998년에 드디어 구글이 설립됩니다. 인터넷을 통해 대량의 데이터가 만들어졌고, 이것을 이용한 '머신러닝'이 조용히 배양됩니다. 그리고 2010년을 전후해 세 번째 인공지능 붐이 절정에 이릅니다. 이번이 이전 두 번의 붐과 다른 점은 머신러닝에 있었습니다. 머신러닝(Machine Learning)은 영어 뜻 그대로 기계가 학습을 한다는 의미입니다. 이전 두 번의 인공지능은 근본적으로 인간이 지식을 주입해야 했기 때문에 인간이 넣어 준 지식 이상을 해낼 수 없었죠. 하지만 머신러닝은 데이터와 원하는 결과를 넣으면 처리 로직(알고리즘)을 내놓습니다. 그래서 인간이 일을 처리할 방법을 하나하나 정의해 주지 않아도 제대로 학습만 시키면 스스로 방법을 찾아내는 거죠. 마치 어린아이가 아무 것도 모르는 상태에서 태어나 주변 환경을 통해 학습하는 것과 비슷합니다. 머신러닝의 기법 중 최근에 가장 각광받고 있는 것이 '딥러닝(Deep Learning)'입니다. 알파고가 딥러닝으로 학습했죠.

지금까지 내용을 종합해서 인공지능을 다시 정의해 보겠습니다. 앞으로 이 책에서는 인공지능을 '사람의 지적 능력을 활용해서 하는 일을 대신할 수 있는 능력'으로 정의하겠습니다. 이 정의에 따르면 인공지능은 인간이 해야 할 일의 순서와 절차, 지식을 모두 넣어서 그 일을 대신하든, 스스로 배워서 대신하든 상관이 없습니다. 그 관점에서 인공지능을 나눠보면 전자는 지식 기반의 인공지능이고, 후자는

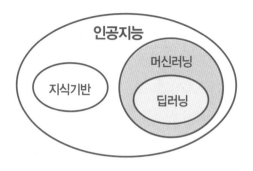

▲ 인공지능의 분류(자세한 족보는 'THEME 02 기술편' 참고)

학습을 통해 스스로 발전하는 머신러닝입니다. 딥러닝은 머신러닝을 구현하는 하나의 방법으로, 다른 방법에 비해 퍼포먼스가 너무 압도적이어서 그 구역을 접수해 버렸죠. 그래서 머신러닝이라고 하면 그냥 딥러닝이 따라옵니다.

그럼 왜 인간이 처리 로직을 만들어 주지 않고 기계가 스스로 학습하게 할까요? 첫 번째 이유는 앞에서 설명한 두 번의 인공지능 붐의 한계에서 찾을 수 있습니다. 컴퓨터에게 넣어줘야 할 지식이 너무 많고, 새로운 지식이 계속 만들어지거나 바뀌기 때문이죠. 또 다른 이유는 인간이 로직을 만들어내기 어려운 일이 있기 때문입니다. 예를 들어, 고양이 식별 문제를 들어보죠. 대부분의 사람들은 사진 속의 고양이를 손쉽게 식별하지만, 고양이를 정의하는 '규칙'을 떠올리는 것은 정말 어려운 문제입니다.

'고양이는 눈이 두 개, 코가 하나, 귀가 두 개, 꼬리가 하나야.'라고 프로그램을 짭니다. 그러면 생쥐나 기린도 여기에 해당됩니다. 고양이의 '눈' 하나를 감지하는 규칙을 정하는 것만도 결코 쉽지 않습니다. 그러나 머신러닝을 이용하면 수만 개의 고양이 이미지를 살펴본 후 고양이를 대체로 정확히 식별할 규칙을 스스로 만들어낼 수 있습니다. 사람에게 알려주지는 않지만요. 어린아이는 두세 장의 고양이 사진만 봐도 학습이 가능하지만, 인공지능은 수만 개의 이미지를 넣어 줘야 합니다. 이것이 바로 빅데이터가 필요한 이유죠. 반대로 빅데이터 시대가 오지 않았다면 머신러닝은 너무 효율이 떨어졌을 것이고, 인공지능의 2차 겨울이 지금도 계속되고 있겠죠. 그래서 자매는 꼭 붙어다니는 겁니다.

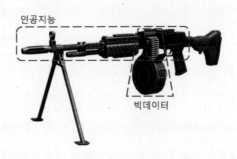

▲ 데이터를 빠르게 처리하는 인공지능 총열과 대량의 데이터를 총에 공급하는 빅데이터 탄창

다시 기관총 그림을 보세요. 그림을 보면 인공지능과 빅데이터의 영역이 겹치는 부분이 보일 겁니다. 겹치는 부분은 빅데이터의 처리와 분석에 관련된 영역인데, 왜 이 부분이 겹칠까요?

기본적인 빅데이터의 처리는 클라우드의 분산 처리 기술로 가능합니다. 그런데 처리할 패턴이 사람이 도저히 규칙을 찾을 수 없거나, 쏟아져 들어오는 데이터의 양이 많아 그 속도에 맞게 규칙을 정할 수 없는 경우가 있을 겁니다. 이 경우에는 인공지능을 잘 정제된 빅데이터로 미리 학습시킨 후 실전에서 인공지능으로 빅데이터를 처리하게 됩니다. 분석도 마찬가지입니다. 어떤 관점으로, 어떻게 분석할지 정하는 것은 빅데이터의 영역에 가깝지만, 분석을 위한 보이지 않는 규칙을 찾고, 빠르고 효율적으로 실행하는 것은 인공지능의 힘을 빌려야 합니다. 앞에서 여러 번 설명했듯이 인공지능이 머신러닝, 그중에서도 딥러닝으로 화려하게 무대에 서려면 학습과 테스트를 위해 빅데이터가 필요합니다. 하지만 반대로 빅데이터를 의미 있게 만드는 것에는 인공지능이 중요한 역할을 하고 있어요. 그래서 빅데이터와 인공지능은 함께 다닐 수 밖에 없는 자매인 것입니다.

세 번째 질문이었던, 인공지능과 빅데이터가 어떻게 디지털 전환의 영역을 넓히고, 전환 속도를 빨라지게 했는가에 대한 또 다른 답이 여기 있습니다. 구글, 애플, 페이스북, 아마존 등의 플랫폼 기업은 자사의 인공지능을 좀 더 똑똑하게 만드는 데 혈안이 되어 있습니다. 그럼 뭐가 필요하죠? 바로 '데이터'입니다. 우리도 알게 모르게 그들을 도와주고 있습니다. 인스타그램이나 페이스북, 가깝게는 네이버나 카카오가 왜 공짜 클라우드 공간을 넉넉하게 주는 걸까요? 왜 자꾸 우리 사진을 거기에 저장하라고 할까요? 또 있습니다. 우리가 비밀번호를 몇 번 틀리면 보안을 강화한다면서 이상한 문자를 제시하면서 정확하게 쓰라고 합니다. 분명 맞게 쓴 거 같은데 틀렸다고 하는 경우도 있지요. 아직 교육이 덜 된 녀석이 채점하는 겁니다. 언제부터인가 해시태그(#)는 왜 뜬금없이 유행이 되었을까요? 구글, 페이스북 같은 기업에서 연예계 인맥을 통해 의도적으로 유행을 시켰다는 설이 있습니다. 왜 그랬을까요? 모든 답은 동일하게 한 방향을 향합니다. 자신들의 보물인 인공지능에 좋은 먹이를 제공하고 훈련시키기 위함이죠. 그래서 데이터는 더 늘어났고, 그 데이터로 잘 훈련된 인공지능이 다시 훨씬 빠르게 빅데이터를 처리하니 선순환 구조가 만들어지는 것이죠. 그 결과로 디지털 전환은 더욱 가속화되는 겁니다.

숨가쁘게 달려왔네요. 이제 이번 장의 서두에 던진 마지막 과제를 해결해야 할 시점입니다. 아직 완성하지 못한, 핵심 기술이 반영된 '디지털 전환 사이클'을 완성해 보죠.

물질이 정보로 전환되는 영역이 점점 커지고 있는 와중에 모바일 기기의 대중화와 '사물인터넷'이라고 부르는 IoT 기기들이 데이터를 폭발적으로 증가시켰고, 그 결과로 빅데이터가 만들어졌죠. 이러한 빅데이터를 보관하기 위해 클라우드의 가상화와 분산 처리 기술이 사용되었습니다. 그리고 빅데이터는 인공지능에 양질의 학습 데이터를 먹이처럼 제공합니다. 빅데이터로 잘 훈련된 인공지능은 빅데이터를 처리하고 분석하는 로직을 제공해 빅데이터의 처리 속도와 활용도를 높입니다. 이러한 과정을 통해 디지털 전환은 더 가속화되고 선순환 구조가 완성되는데, 이것을 '디지털 전환 사이클'이라고 부르겠습니다. 그리고 그 안에 들어 있는 기술의 머리글자를 따서 디지털 전환의 핵심 기술을 'I'm ABC'로 정리하겠습니다.

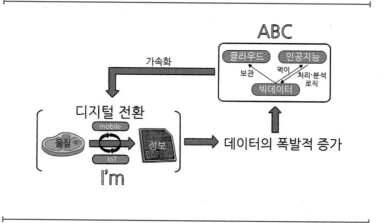

▲ 디지털 전환 사이클과 핵심 기술 'I'm ABC'

결론적으로 디지털 전환과 핵심 기술은 상호 밀접한 연관관계를 가지고 있습니다. 애초에 모바일과 IoT를 통한 디지털 전환으로 데이터량이 폭발하지 않았다면 빅데이터가 각광받지 못했을 것이고,

클라우드 컴퓨팅 기술이 개발되지 못했다면 빅데이터는 어느 수준에서 멈춰야 했겠죠. 그리고 엄청난 데이터가 필요한 인공지능도 발전하지 못했을 것입니다.

마지막으로 이번 장을 시작할 때 약속한 기타 기술에 대해 간단하게 소개하겠습니다. 앞에서 설명한 핵심 기술인 'I'm ABC'와 연관 기술은 내부 원에 포함되거나 걸쳐져 있습니다. 그 외의 기술을 포함해 디지털 전환을 하나의 큰 시스템으로 보고 이것을 입력, 보관 및 처리, 출력의 세 부분으로 나누어 각 기술을 배치해 보겠습니다. 그 결과는 다음 그림과 같습니다.

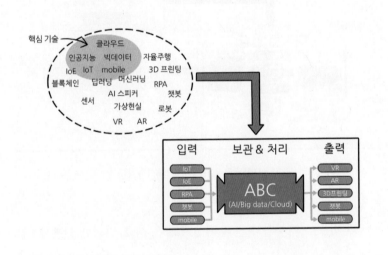

▲ 입력, 보관 & 처리, 출력으로 구분한 4차 산업혁명 관련 기술

입력 영역에는 다양한 센서와 기계 간의 직접 데이터 교환을 통해 디지털화한 입력 값을 제공하면서 '사물인터넷'이라고 부르는 IoT(Internet of Things)와 IoE(Internet of Everything), 단순 반복 작업과 문서 변환 작업 등을 로봇을 이용해 자동화하는 RPA(Robot Processing Automation), 콜센터 업무를 대체하고 있는 챗봇(Chatbot), 모든 사람들의 손에서 접속 정보, 위치 정보, 각종 처리 정보를 실시간 넣어주는 모바일기기 등이 포함됩니다. 처리 부분에는 디지털 전환의 핵심 기술인 ABC가 자리하고 있네요. 마지막으로 출력 부분에는 처리된 가치 있는 정보를 가상현실 형태로 보여주는 가상현실 기술인 VR(Virtual Reality), AR(Augmented Reality)이 있고, 설계 정보만 있다면 공장이 없거나 멀리 있어도 실물을 바로 출력할 수 있어서 우주 개발의 핵심 기술로 꼽히는 3D 프린팅이 있습니다. 그리고 입력 영역에 있었던 챗봇과 모바일기기가 출력 영역에도 있습니다. 챗봇은 고객의 요청을 들을 때는 입력이지만, 답을 줄 때는 출력일 테니까요. 모바일기기도 유사하죠. 이와 같은 구분은 절대적인 것은 아닙니다.

이번 장에서 설명하지 않은 기술에 대한 개략적인 설명은 다음 표를 참고하세요.

기술	영역	설명
IoT	입력	• 'Internet of Things'의 약자로, 여러 사물에 정보통신기술이 융합되어 실시간으로 데이터를 인터넷으로 주고받는 기술 • '사물인터넷'이라고도 함
IoE	입력	• 'Internet of Everything'의 약자로, 사물인터넷인 IoT에 대응해 '만물인터넷'이라고도 함 • IoT가 사물과 사물을 연결해 데이터를 주고받는다면 IoE는 사물끼리 연결되어 있던 것에 사람까지 포함시켜서 만물이 연결되는, 초연결 시대를 뜻하는 용어
RPA	입력	• 'Robotic Process Automation'의 약자로, '로봇 프로세스 자동화'라고도 함 • 기업의 다양한 분야에서 데이터를 수집해 입력 및 비교하는 단순 반복 업무를 자동화해 빠르고 정밀하게 수행하는 자동화 도구 • 인공지능과 결합하여 빠르게 발전하고 있는 분야
챗봇	입력/ 출력	• 기업용 메신저에 채팅하듯이 질문을 입력하면 인공지능(AI)이 빅데이터 분석을 바탕으로 일상 언어로 사람과 대화하면서 해답을 주는 대화형 메신저 • 최근 많은 기업이 고객 대응 1선에서 적극 도입하고 있고 RPA와 같이 빠르게 발전하고 있는 분야
VR	출력	• 'Virtual Reality'의 약자로, 가상현실을 의미 • 컴퓨터로 만들어 놓은 가상의 세계에서 사람이 실제와 같은 체험을 할 수 있도록 하는 기술 • 머리에 장착하는 디스플레이 디바이스인 HMD를 활용해 체험할 수 있음
AR	출력	• 'Augmented Reality'의 약자로, 증강현실을 의미 • 이미지, 주변 배경, 객체 모두를 가상의 이미지로 만들어 보여주는 가상 현실(AR)과 달리, 증강 현실은 추가되는 정보만 가상으로 만들어 보여주기 때문에 현실 세계의 실제 모습이 주가 됨 • 지금은 사라졌지만 구글 글래스(Google Glass)가 대표적임
3D 프린팅	출력	• 프린터로 평면으로 된 문자나 그림을 인쇄하는 것이 아니라 입체 도형을 찍어내는 것 • 종이를 인쇄하듯이 3차원 공간 안에 실제 사물을 인쇄하므로 도면만 있으면 바로 제품 생산 가능

디지털 전환 인사이트 - 많은 데이터가 필요한 이유

이번 장에서는 왜 데이터가 늘어나는지에 대해 살펴보았습니다. 그렇다면 조금 다른 관점에서 우리는 왜 더 많은 데이터가 필요한지에 대해서도 고민해 볼 필요가 있어요. 극단적인 하나의 사례가 있습니다. 이제는 아득히 먼 옛날이야기처럼 느껴지는 갤럭시 노트 7 발화사건입니다. 사건을 간략하게 요약하면 다음과 같습니다.

갤럭시노트 7은 2016년 8월 19일부터 판매가 시작되었고, 5일이 지난 8월 24일 오전에 온라인 커뮤니티 '뽐뿌' 게시판에 훼손된 노트 7의 사진이 올라옵니다. 충전 중 폭발했다는 주장이 처음 제기되었죠. 8월 29일 유튜브에 발화로 인해 훼손된 노트 7의 영상이 다시 게시되었고, 8월 30일에는 발화 사례가 또 발생했습니다. 3건의 사례 모두 비슷한 형태로 왼쪽이 심하게 훼손되어 배터리의 결함 가능성이 제기되었고, 이후에도 몇 건의 사례가 더 발생합니다. 이때까지 별다른 조치 없이 '정확한 사실 파악 중'이라고만 밝혔던 삼성전자는 8월 31일 갤럭시노트 7의 출하를 전면 중단하고 원인 규명에 착수했습니다. 그리고 약 5개월이 지난 2017년 1월 23일에 삼성전자는 발화 원인 조사 결과를 발표했는데,

▲ 불에 탄 갤럭시노트 7

발표된 내용은 다음과 같습니다.

"제품 20만 대, 배터리 3만 대가 동원된 실험에서 완제품과 배터리에서 각각 불이 나 부서지는 현상이 비슷한 비율로 발생했다."

원인 조사에 왜 이렇게 많은 제품과 배터리가 필요했을까요? 갤럭시노트 7에 배터리를 납품한 회사는 두 곳이었습니다. 대규모 재현 실험에서 집계된 배터리 불량률은 삼성 SDI가 0.025%, 중국 회사인 ATL이 0.023%였죠. 1만 대에 두세 대의 불량품이 나타나는 확률입니다. 이렇게 작은 불량률은 샘플만 검사하는 방식으로는 찾아낼 수가 없습니다. 게다가 제품은 과거의 슈퍼컴퓨터를 손바닥만한 사이즈로 만들어야 될 정도로 정교해지고 복잡해졌습니다. 이것이 바로 데이터가 많아지고, 더 많은 데이터가 필요한 이유입니다.

3 | 기업의 디지털 전환 |

코로나(COVID-19)가 전 세계적으로 기승을 부리고 있는 와중에 인터넷에 의미심장한 '짤'이 하나 돌았습니다. 거기에 객관식 문제가 하나 들어 있었습니다.

당신의 회사에서 디지털 전환은 누가 리드합니까?
(1) CEO
(2) CTO
(3) 코로나

답은 예상한 대로 (3)이었습니다. 실제로 최근에 일어나고 있는 상황을 보면 틀린 답은 아닌 것 같습니다. '언택트(Untact, 비대면)'라는 용어가 유행하더니 지금은 '온택트(Online+Untact, 비대면으로 외부와 연결하는 것)'라는 용어가 들리기 시작했습니다. 그만큼 기업들은 코로나 때문에 디지털 전환의 필요성을 절감한 것 같습니다. IT시장 조사기관 KRG가 국내 매출이 2천억 원 이상인 기업 146곳을 조사한 결과에 따르면 70%의 기업이 '코로나 불황에도 불구하고 IT 예산을 줄이지 않겠다'고 답했습니다.

코로나가 성행하기 전부터 디지털 전환은 뜨거운 주제였습니다. 그러나 디지털 전환에 대한 높은 관심과 다르게 실제 디지털 전환에 대한 기업의 준비도나 성공률은 비교적 낮은 편입니다. MIT 슬론 매니지먼트 리뷰가 전 세계의 임원들을 대상으로 실시한 조사에 따르면, 결론적으로 디지털 전환을 시도하는 기업의 70%는 실패한다고 합니다.

디지털 전환에 실패하는 기업들은 '기술 도입'에만 치중하는 경향이 있습니다. 디지털 기술은 그 자체로 의미 있는 것이 아니라 사업(제품과 서비스)과 일하는 방식 개선에 사용될 때 가치를 창출합니다. 그러나 현실에서는 우리 회사의 현재 상황과 주변 환경에 대한 깊은 고민 없이 새롭고 트렌디한 기술을 도입하고 제대로 활용하지 못하는 경우가 많습니다. 더 큰 문제는 기술 도입만 하면 디지털 전환을 완료했다고 생각하는 것입니다.

한때 '관리의 삼성'이라는 말이 있었습니다. 관리를 사람이 할까요? 결국 시스템에 의한 관리죠. 단언하건대, 지금의 삼성전자를 만든 요인 중 최소 30% 이상은 잘 만들어지고 운영된 시스템이라고 생각합니다. 그들이 본격적으로 시스템에 투자를 시작한 것이 1994년입니다. 그리고 지금까지 25년이 넘는 세월 동안 끊임없이 투자를 계속하고 시스템을 가다듬고 있습니다. 하지만 어느 누구도 이제 시스템 투자는 할 만큼 한 것 아니냐고 말하지 않습니다.

20년 정도 이쪽 분야에서 일하다 보니 지금은 이런 생각이 듭니다. '시스템이나 기술은 마치 철마다 갈아입는 옷 같다'는 생각이죠. 스무 살에 어른이 된 기념으로 정장 한 벌 샀다고 평생을 그것만 입는 사람은 없습니다. 유행이 바뀌고 체형이 바뀌면 다른 옷을 사서 입어야 합니다. 중요한 것은 유행을 보는 눈, 내 체형을 망가지지 않게 유지하는 노력은 스스로 해야 하는 것이죠. 명품 옷을 철마다 사 입어도 촌티가 폴폴 나는 사람도 많습니다. 체형을 유지하고 자신만의 스타일을 만들어내는 노력이 있어야 비교적 적은 비용으로 멋쟁이가 될 수 있습니다.

다시 디지털 전환으로 돌아가 보겠습니다. P&G의 글로벌 IT 및 서비스 부사장으로 디지털 전환을 주도했고, 지금은 컨설팅을 하고 있는 토니 살다나(Tony Saldanha)는 디지털 전환 성공률이 낮은 이유가

'명확한 목표와 그것을 달성하기 위한 정교한 프로세스의 부재'라고 했습니다. 컨설턴트다운 애매한 대답이죠. 이 대답의 의미를 조금 구체적으로 이야기해 보겠습니다.

성공과 실패 사이에 놓인 네 개의 계단

혼자 독거노인으로 늙어가고 있는 동거인이 있습니다. 제가 서울에서 일하는 동안 거처를 제공해 주는 소중한 노총각인데, 얼마 전 거대한 TV를 하나 샀습니다. TV가 설치된 다음 날부터 제 상식으로는 이해가 안 가는 행동을 하기 시작하더군요. 처음에는 영화를 보는 줄 알았는데, 자세히 보니 '배틀그라운드(BATTLEGROUNDS)'라는 전투 게임이었습니다. 며칠을 지켜보다가 어느 날, 궁금함과 한심함을 함께 담아 물었습니다.

"네가 게임을 하는 것도 아니고 남이 게임하는 걸 왜 보냐?"

그는 저를 노려보다가 그리고 한 마디를 던지더군요. 그 말을 듣고 저는 입을 닫았습니다.

"넌 야구 왜 보냐?"

큰 깨달음을 얻고 며칠 후에 유명한 아프리카 BJ가 중계하는 배틀그라운드를 같이 보고 있는 저를 스스로 발견하게 됩니다. 그러던 어느 날, 저는 또 다른 깨달음을 얻게 되었죠.

배틀그라운드라는 게임은 우리말로 그대로 옮기면 '전쟁터'입니다. 게임의 콘셉트는 다음과 같습니다. 한 무인도에 비행기로 100명의 사람을 떨어뜨립니다. 그 안에서 서로 죽여서 마지막까지 살아남으면 이기는 게임이죠. 그럼 어디 안 보이게 숨어서 게임이 끝날 때까지 웅크리고 있으면 되지 않느냐고 생각할 겁니다. 하지만 게임 설계자가 그렇게 호락호락하지 않아요. 일정 시간이 지날 때마다 전쟁터가 좁아집니다. 그 좁아지는 구간으로 들어가지 않으면 에너지가 금방 닳아서 죽게 되죠. 마치 점점 좁혀오는 디지털 전환의 올가미 같아요. 자세한 건 직접 해 보거나 저처럼 중계를 보세요.

게임의 시작점인, 비행기에서 점프할 때는 신발뿐만 아니라 무기나 보호 장구가 전혀 없습니다. 섬에 착륙하고 나서 버려진 건물이나 길거리에서 총과 총알, 수류탄, 방탄조끼, 구급상자 등을 주워서 무장하는 거죠. 적당히 무장이 되면 적을 찾아 죽이기 시작합니다. 전투

| 데이터 | 정보 시스템 | 타깃 |

▲ 총과 총알, 타깃으로 비유한 데이터와 정보 시스템의 관계

중에 자신이 가진 것보다 더 좋은 총이나 수류탄을 발견하면 있던 것을 버리고 바꾸기도 하지요. 이것도 디지털 전환과 새로운 기술과의 관계 같네요. 어찌됐던 게임에서 주어진 아이템의 종류는 정해져 있겠죠. 그런데 어떤 사람이 하느냐에 따라 완전히 다른 플레이를 하더군요. 똑같은 총을 들고 있어도 적을 정확하게 잘 맞추고 게임에 이기는 플레이어가 있는 반면, 운 좋게 좋은 무기를 갖추고도 헛발질하다가 금방 죽는 플레이어가 있었습니다. 이게 마치 기업이 정보 시스템을 도입하고 활용하는 것과 비슷해 보이는 거예요.

기업의 목적은 이윤 추구이고, 이 목적을 효율적으로 달성하기 위해 우리는 돈을 들여서 정보 시스템을 도입합니다. 이윤 극대화를 타깃으로 하면, 이 타깃을 잘 맞추기 위한 총을 정보 시스템에 비유할 수 있죠. 그런데 아무리 총이 좋아도 총알이 없으면 타깃을 맞출 수 없습니다.

기업의 총알이 데이터가 되겠네요. 전쟁터 같은 경영 환경에서 살아남으려면 시장이라는 배틀그라운드에 떨어진 전사가 영점이 잘 잡힌 총을 가지고 총알을 많이 확보해서 정확하게 적을 조준해 많이 쏴서 이겨야 합니다. 앞에서도 빅데이터와 인공지능의 관계를 설명하면서 비슷한 비유를 들었죠. 사실 총과 총알의 비유는 오래된 고전 같은 것입니다. 비유 끝에는 이런 질문이 항상 따라왔습니다.

"만약 전쟁이 나서 총과 총알 중에 한 가지만 가져갈 수 있다면 무엇을 가져갈 것인가?"

총을 선택한 사람은 적을 만나면 휘두르기라도 할 수 있으니 총이 낫다고도 했고, 총알을 선택한 사람은 총알은 손으로 던지기라도 하면 된다고 했습니다. 지금 이 질문을 다시 받는다면 전 총알을 선택하겠습니다. 이런 선택을 하게 된 이유는 제가 컨설팅하면서 더욱 굳어졌습니다. 전투원을 기업에, 총을 정보 시스템에, 총알을 데이터에 비유한다면 가장 이상적인 모습은 훈련을 잘 받은 전투원이 영점이 잘 잡히고 유지 보수가 잘 된 총으로 총알 떨어질 걱정없이 전투에 임하는 것이죠.

여기서 하나씩 빼 보죠. 일단 전투원은 뺄 수 없습니다. 신병이고 아무것도 몰라도 전투원이 없으면 의미가 없죠. 이번에는 총알을 빼 보겠습니다. 총알이 없다면 총은 전쟁터에서 몽둥이만 못할 겁니다.

▲ 전투원은 기업, 총은 정보 시스템, 총알은 데이터, 타깃은 이윤 극대화이다.

기업으로 보면 정보 시스템만 깔아놓고 전혀 사용하지 않는 상황인 거죠. 다음은 총이 없는 경우입니다. 총알만 있는 경우도 썩 좋은 상황은 아니죠. 총이 없는데 총알을 가지고 할 수 있는 일이 별로 없을 겁니다. 하지만 많은 기업이 이렇게 시작합니다. 변변한 정보 시스템이 없어도 데이터는 존재합니다. 손으로 과녁을 향해 던지든지, 새총을 만들어 총알을 쏠 수도 있을 겁니다. 기업의 경우에는 완전 수작업, 엑셀 또는 공짜 소프트웨어를 가져다 쓰는 것 정도가 되겠네요.

전투원, 총알, 총 중에서 가장 중요한 요소는 전투원의 자질입니다. 정보 시스템을 잘 사용할 문화와 역량을 가진 기업 말입니다. 이런 전투원이라면 아무 것도 없어도 새총이라도 만들어 싸울 겁니다. 총만 있더라도 나중에 총알을 구하면 바로 잘 사용할 수 있게 빈 총으로 시뮬레이션 훈련이라도 할 겁니다. 이와 같이 제일 중요한 건 정보 시스템을 잘 사용할 수 있는 기업입니다.

진짜 전장으로 돌아가보죠. 타깃도 하나가 아니고 때로는 내가 타깃이 되기도 합니다. 기업이 짊어진 정보 시스템도 하나가 아니죠. 총도 여러 자루이고, 칼도 차고 있으며, 수류탄과 연막탄도 있고, 배낭 안에는 비상식량과 구급상자도 있을 겁니다. 이 무거운 걸 들고 죽어라 달려야 살 수 있죠. 총알도 한 종류가 아니라 총에 따라 다른 탄을 사용합니다. 간혹 유탄 발사기도 사용해야 하고요.

디지털 전환을 논하다가 갑자기 웬 구태의연한 이야기냐고요?

기본 매커니즘은 디지털 전환과 다를 게 하나도 없기 때문입니다. GAFA(구글, 아마존, 페이스북, 애플)로 대표되는 플랫폼 기업들이 왜 사운을 걸고 딥러닝 같은 인공지능, 빅데이터 기술을 가지려고 할까요?

가까운 미래에는 최선의 알고리즘(총)과 최대의 데이터(총알)를 보유한 기업이 승리할 것이기 때문입니다. 단 한 번의 승부로 끝나고 역전의 가능성이 있다면 그래도 다행이죠. 문제는 새로운 종류의 순환고리가 생기고 있다는 겁니다. 가장 좋은 알고리즘을 보유한 기업에 고객들이 몰릴 것이고, 가장 많은 고객을 보유한 회사가 가장 많은 데이터를 수집하게 됩니다. 그러면 그 데이터로 가장 좋은 모형을 인공지능이 학습하겠죠. 이건 다시 알고리즘을 더 좋게 만들 것이고, 가장 많은 신규 고객을 또 확보하게 될 겁니다. 이러한 순환이 계속 이어진다고 생각해 보세요. 선순환을 탄 기업의 입장이라면 환상적이겠지만, 경쟁자의 입장이라면 끔찍한 상황입니다.

이제 본격적으로 이 전쟁에서 마지막까지 살아남아 성공하려면 어떻게 해야 할지에 대해 이야기해 보겠습니다. 저는 20년 조금 넘게 정보 시스템 관련 일을 했습니다. 대기업 회사 전체에 시스템을 도입하는 대형 프로젝트도 10여 회 정도 참여했고, 하나의 사업부나 부서를 위한 소규모 프로젝트는 셀 수 없이 많이 했습니다. 이 과정에서 하나 익힌 것이 있습니다. 오픈하는 순간 이 녀석이 곧 죽을지, 화려하게 그 회사의 주인공으로 살아갈지 예측할 수 있는 능력이 생긴 겁니다. 앞의 비유로 알 수 있듯이 정보 시스템의 본질은 데이터와 처리 시스템의 조합입니다.

정보 시스템 = 데이터 + 처리 시스템

좋은 시스템은 양질의 데이터를 효율적일 뿐만 아니라 실시간으로 쌓고, 사용자의 목적에 맞게 가공하여 적절한 시기에 활용할 수 있는 정보를 제공하는 것입니다. 그렇다 보니 디지털 전환에서도 양질의 데이터를 효율적으로 쌓기 위해 사물인터넷(IoT, IoE)이나 모바일기기가 적극적으로 활용됩니다. 이것을 통해 한꺼번에 쏟아져 들어오는 데이터를 효율적으로 실시간 처리하기 위해 인공지능과 빅데이터 기술을 적극적으로 사용합니다. 이렇게 가공된 정보와 통찰, 더 나아가 지혜를 인공지능 비서나 챗봇, 스마트폰, VR, AR 등의 출력 기술로 보여줄 겁니다.

문제는 그 수준까지 한 걸음에 갈 수 있는 게 아니라는 거죠. 수많은 고객들은 좋은 업체를 선정해서 큰돈을 주고, 일을 잘하는지 감독만 하면 시스템은 컨설턴트와 그 일당들이 알아서 잘 만든다고 오해하고 있습니다. 물론 가능합니다. 총에 해당하는 정보 시스템은 만들어낼 수 있죠. 자동화 소총을 주문했는데 임진왜란 때 쓰던 조총을 받을 수도 있는 리스크가 있을 뿐이죠. 테스트용으로 공포탄도 서너 개 줄 겁니다. 하지만 진짜 총알은 그들이 주지 않습니다. 절대 줄 수가 없습니다. 우리가 스스로 만들어야 하죠.

지금까지의 프로젝트 경험을 종합해 보면 실패와 성공 사이에 4단계가 존재합니다. 왼쪽으로 갈수록 실패에 가깝고, 오른쪽으로 갈수록 성공에 가깝습니다.

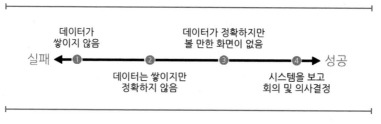

▲ 성공과 실패 사이의 4단계

고객사에 처음 방문해서 책임 임원들과 미팅을 하면 거의 모두 똑같은 말을 합니다.

"컨선생님. 이번에는 제대로 시스템을 만들어서 화면에 바로 실행해 놓고 회의를 하다가 그 자리에서 바로 의사 결정을 하도록 해야 합니다."

이 질문에 대한 컨설턴트의 대답도 매번 비슷하죠.

"최선을 다하겠습니다. 임원님께서 전폭적으로 지원해 주시면 안 되는게 뭐 있겠습니까?"

프로젝트 마무리 시점에 다시 이 임원과 마주 앉을 수 있으면 그래도 성공적인 프로젝트에 속하지요. 대부분 죄인처럼 슬픈 표정으로 조용히 나옵니다. 지금까지 모두가 원하는 4단계에 도달한 경우는 딱 한 번 있었습니다. 그 전에도, 그 후에도 저는 그런 아름다운 광경을 본 적이 없습니다. 이 이야기는 나중에 좀 더 자세히 하겠습니다. 자, 그러면 우선 1단계부터 차례대로 보죠.

데이터가 아예 쌓이지 않는 첫 번째 단계가 큰 프로젝트였다면 누군가 책임지고 그만두어야 하는 상황이죠. 시스템은 오픈했는데 사용되지 않는 상태가 계속되다가 시스템 자체가 폐기되는 케이스입니다. 이런 상황은 제가 딱 한 번 경험했습니다. 2008년 즈음이었는데, 당시에 70억 원 정도 들여서 APS 시스템(Advanced Planning System, 수요 및 공급 계획용 시스템으로, 'SCM'으로 부르는 공급망 관리의 핵심 시스템)을 구축했는데, 시스템이 오픈하는 날 그 사업부가 다른 회사로 팔린 겁니다. 그다음 주에 점령군이 와서 사용하는 시스템을 점검했죠. 갓 오픈한 APS 시스템도 점검 대상이었는데, 대충 쓱 보더니 APS는 자기들이 이미 더 우수한 것을 가지고 있으니 그걸 사용하라고 하네요. 70억 원이 한 순간에 휙 날아갔죠. 그 당시 CFO께서는 그쪽에는 한 마디도 못하고 저희만 다그쳤습니다. 그 시스템은 정말 공포탄만 몇 발 쏘다가 끝났습니다.

사실 첫 번째 단계에서 끝나는 경우는 매우 희귀한 상황입니다. 그런데 중소기업에서는 정부 정책자금을 지원받는 경우가 있습니다. 정부의 실적과 수행 업체의 이익이 맞아떨어져서 구축되는 시스템의 경우 이런 일이 간혹 벌어지기도 합니다. 거의 공짜로 만들어지다 보니 우리 쪽에서는 공력을 쏟지 않습니다. '알아서 잘 만들었겠지!'라고 생각하고 오픈 후에 사용해 보려면 우리 회사 상황과는 전혀 맞지 않는 겁니다. 내 돈이 들지 않았다고 생각하니 제대로 써보려는 노력도 하지 않죠. 그래서 결국 조용히 사장됩니다.

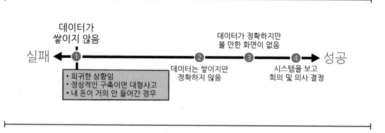

▲ 1단계 – 데이터가 쌓이지 않음

데이터가 쌓이기는 하지만 쓰레기장이 되는 경우가 2단계입니다. 이런 상황은 두 가지 원인으로 생깁니다. 첫 번째 원인은 애초에 맞지 않는 데이터를 마구 넣는 경우인데, 사람이 직접 입력할 때 많이 발생합니다. 실시간으로 데이터를 넣어야 의미가 있는데 한참 있다가 입력하는 것입니다. 또는 뭐라도 입력해야 저장할 수 있는 경우에는 의미 없는 숫자나 문자를 막 넣어 버리기도 하죠.

두 번째 원인은 입력되는 곳이 여러 시스템에 분산되어 있으면서 통제가 잘 되지 않을 때 발생합니다. 시스템이 분산되어 있으면, 시스템 간의 기준 정보도 안 맞고, 입력 시점에 차이가 생겨서 시스템 간에 데이터가 틀어지는 일이 벌어지죠. 결국 뭐가 맞는지 모르게 되므로 쓰레기가 되는 것입니다.

디지털 전환 관점에서는 2단계가 가장 중요합니다. 왜냐하면 2단계에서 디지털 전환의 대동맥이 제대로 만들어지기 때문이죠. 2단계의 문제를 제대로 해결하지 않고 사물인터넷(IoT, IoE)과 모바일기기 등을 적용하고, 인공지능, 클라우드 컴퓨팅 등을 이용해 빅데이터를 처리하면 맞지 않는 데이터가 엄청 빠르게 쌓입니다. 잘못된 일을 빠르게 하는 것만큼 답답한 일이 없죠. 따라서 2단계 상황은 최대한 짧게 가져가야 합니다. 이런 상황이 오래 지속되면 1단계로 금방 돌아가버리기 때문입니다.

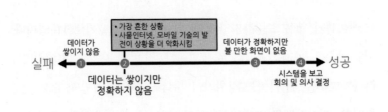

▲ 2단계 - 데이터는 쌓이지만 정확하지 않음

사물인터넷과 모바일 기술을 적절히 잘 활용하고 분산된 시스템을 물리적으로 또는 가상으로 통합하여 정확한 데이터가 시스템에 쌓이게 만들면 3단계로 접어듭니다. 이 단계에서 가장 많은 자원이 투입되고 경영진의 인내심이 필요하기 때문에 많은 기업들이 2단계와 3단계 사이에서 포기합니다. 여기가 우스갯소리로 '깔딱고개'입니다. 경영진이 인내심을 가지기 어려운 이유는 3단계에 힘들게 올랐다고 해도 바로 자신이 보고 싶은 화면을 볼 수 없기 때문입니다. 그래서 더욱 재촉하게 되어 담당자들은 무리수를 두거나 허위 보고를 하게 됩니다. 이런 상태가 일정 기간 지속되면 정확하게 꽂히던 데이터가 다시 허물어지고 2단계로 되돌아가는 것입니다.

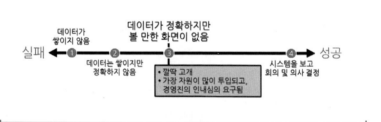

▲ 3단계 – 데이터가 정확하지만 볼만한 화면이 없음

일정 시간 동안 3단계를 유지하면 '양질의 빅데이터'를 얻게 되는 것은 시간 문제입니다. 데이터와 관련된 명언 중에 이런 말이 있습니다.

'남의 데이터 1톤보다 내 데이터 1그램의 가치가 훨씬 높다.'

양질의 내 빅데이터를 확보했다는 것은 엄청난 일입니다. 그런데 여기서 다시 고비가 옵니다. 이 정도 되면 경영진의 인내심은 거의 바닥이 납니다. 스스로 생각하기에 시간과 돈을 과도하게 투입했는데도 당신의 머릿속에 그려져 있는 화면이 현실에는 아직 없는 거죠. 폰팔이보다 훨씬 사악한 수많은 시스템팔이들의 홍보 영상과 '아이언맨(Iron Man)' 영화에서 보았던 손으로 허공을 슥슥 가르면 내가 원하던 그래프가 쭈욱 올라오는 그것 말이죠. 반대로 담당자들의 불만도 최고조에 이릅니다. 죽어라 데이터를 맞추고 경영자용 화면도 만들었는데 욕만 먹는 거죠. 그것도 한 사람이 아닌 여러 사람들에게 말입니다.

왜 이런 비극적인 상황이 벌어지는 걸까요? 우선 경영진의 머릿속에 그려지는 화면은 실체가 없습니다. 본인은 너무나 명백하다고 생각하겠지만 그때그때 다릅니다. 조금 양보해서 머릿속 화면이 아주 명확하다고 가정해 봅시다. 그래도 문제는 있습니다. 경영진은 단 한 사람이 아니기 때문에 악순환에 빠지게 되는 거죠. 담당자가 겨우 용기를 내어 말합니다.

"임원님, 여기 이 화면을 앞으로 보시면 됩니다."

그러면 임원은 대충 보고 짧은 순간 동안 귀신같이 화면의 약점과 오류를 찾아냅니다.

"뭘 보라는 거야! 이것을 보고 무슨 의사 결정을 하라고."

담당자는 의욕을 잃습니다. 임원은 다시는 그 화면을 보지 않습니다. 특별한 이벤트가 있을 때마다 이 상황은 무한반복됩니다. 화면은 계속 늘어나고, 임원의 목소리는 더욱 커지며, 담당자의 한숨은 깊어지죠. 그래서 4단계는 있다고 소문은 들었으나 어느 누구도 본 적은 없는 경지라고 전해집니다.

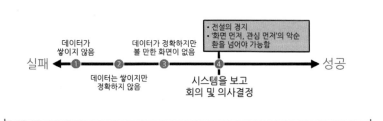

▲ 4단계 – 시스템을 보고 회의 및 의사결정

제가 그 전설의 경지를 실제로 목격한 것은 딱 한 번뿐입니다. 마치 알렉산더대왕이 고르디아스(Gordias)의 매듭을 한 칼에 끊어버리듯이 그 전설의 악순환을 끊어버린 분이 계셨습니다.

그분은 독하기로 악명이 높았습니다. 그분의 영도 하에 수많은 컨설턴트와 개발자의 피와 땀, 눈물을 갈아넣어 그 거대한 회사의 재고, 생산, 판매를 한눈에 볼 수 있는 시스템을 완성했습니다. 하지만 회사의 규모와 프로세스가 워낙 방대하다 보니 화면은 한눈에 들어오지 않았고, 공부를 해야 이해할 수 있는 상황이었죠. 당연히 임원들은 그 화면을 바로 보지 않았습니다. PPT라는 위대한 도구로 자신들의 입맛에 맞춰진 자료를 요구하다 보니 그 엄청난 시스템은 활용도가 점점 떨어졌고, 악순환에 빠지기 직전에 이르렀습니다. 그때 그분께서 위대한 출장길에 오르십니다. 전 세계 법인들을 방문하기 시작하신 거죠. 그 당시 이미 100개가 넘는 해외 법인이 있었습니다. 첫 번째로 방문한 법인의 대회의실에서 역사가 이루어집니다. 법인장은 언제나 그랬듯이 PPT라는 도구로 만든 한눈에 보이는 보고서를 펼쳤습니다. 그 순간 알렉산더님(편의상 그 분은 알렉산더님으로, 시스템은 동방원정으로 칭함)은 손을 내저으시면서 동시에 이렇게 말씀하셨습니다.

"동방원정 화면을 바로 열어라."

법인장은 당황합니다. 무슨 말인지 알아듣지도 못합니다. 회의실은 패닉 상태에 빠졌지만, 다행히 그 시스템과 화면을 기억했던 회의실 구석의 한 주재원이 회의실 PC로 다가가 화면을 열었죠. 그런데 그 화면을 보고 법인장은 한 마디도 하지 못합니다. 처음 본 화면이니까요. 알렉산더님께서 크게 한 번 꾸짖듯이 말했습니다.

"회의 끝!"

첫 방문지로 줄을 잘못 선 그 법인장은 얼마 후 연기처럼 사라졌고, 그 소문은 바람보다 더 빠르게 전 세계에 퍼져나갔습니다. 그날부터 본사 혁신팀의 전화가 불이 났습니다. 동방원정 시스템에 정통한 사람들을 요청하기 위해서였죠. 수백 명의 혁신 용사들과 컨설턴트 용병들이 세계 각지로 출장 길에 오릅니다. 알렉산더님이 오시기 전에 각 법인장들의 옆에 붙어서 일대일 전담 교육을 시작했죠. 한 달도 지나지 않아서 전설이 현실이 됩니다. 본사의 회의실에서 주요 법인들과 한 화면을 보면서 실시간 회의가 이루어진 겁니다. 그때부터 악순환은 선순환으로 빠르게 전환되었습니다.

오픈한지 얼마 되지 않은 시스템에 오류가 없을 수 없습니다. 화면도 여러 임원들의 입맛에 다 맞을 수 없었지요. 그럼에도 불구하고 하나를 보기 시작하면서 문제가 개선되기 시작합니다. 일단 데이터에 오류가 있는 것은 바로 걸러지고, 로직에 문제가 있다면 바로 수정되었습니다. 너무 복잡하거나 사용하기에 불편한 부분도 빠르게 개선되었습니다. 경영진에서 중요하게 보니 아래에서는 더 자세히 보게 되었지요. 이후 이 시스템은 그 회사의 핵심 의사 결정 도구가 됩니다. 아무런 취합이나 자료 작성 없이 전 세계에서 데이터가 실시간 자동 집계된 화면으로 올라와 그 화면을 보고 바로 회의가 이루어지고, 회의 결과가 바로 영업현장과 공장에 적용되는 엄청난 상황이 벌어집니다. 그 회사는 단기간에 엄청난 성장을 이루어냈죠.

사실 이 에피소드에 디지털 전환에 관해 제가 말씀드리고 싶은 부분이 다 들어있습니다. 처음부터 완벽한 시스템은 없습니다. 관심과 애정을 가지고 보는 것이 시작입니다. 그리고 아직 완성되지 않았거나 부정확한 부분이 자리를 잡을 때까지 시간을 주고 기다려주는 지혜가 필요합니다. 그러면 데이터는 정확해지고 더욱 실시간에 가까워질 겁니다. 뿐만 아니라 시스템이 제공하는 화면과 기능도 편리해지고 풍성해질 겁니다. 이런 바탕 위에 디지털 전환과 인공지능, 빅데이터와 같은 새로운 기술이 더해져야만 합니다.

디지털 전환은 어떤 기업에나 똑같은가?

그렇다면 내가 속한 우리 회사는 디지털 전환에 어떻게 접근해야 할까요? 시스템 컨설턴트 관점에서 기업의 정보화 대상을 보면 가장 먼저 떠오르는 것이 정보 시스템입니다. 2000년대 이전까지 정보화의 대상은 정보 시스템 위주였지만, 2000년이 지나고 2010년에 가까워지면서 상황이 좀 바뀝니다.

2010년대 전까지 삼성전자는 확실한 제조 회사였습니다. 그 시절에 국내의 IT 회사를 꼽으라면 네이버와 카카오, 그리고 이제는 추억이 되어버린 프리챌, 아이러브스쿨 같은 회사일 겁니다. 그러던 것이 IT 버블이 완전히 꺼지면서 어느 시점부터 삼성전자가 대표 IT 회사로 인식되기 시작했어요. 정확한 시점과 이유는 저도 잘 모르겠습니다. 단지 추측할 수 있는 것은 GAFA로 부르는 구글, 아마존, 페이스북, 애플 중에서 특히 애플이 삼성전자와 자주 비교되어서인 것 같습니다. 이들 기업은 처음부터 IT 회사로 사람들의 뇌리에 박혀 있었으니까요. 이들은 모두 플랫폼 회사임을 공포했고, 제품의 핵심 영역이 소프트웨어이며, 그것을 통해서 경쟁력을 만들고 강화했습니다. 잘 생각해 보면 이 시점부터 기업이 제공하는 제품이나 서비스 자체에도 본격적으로 디지털 전환이 시작된 것 같습니다.

이때부터 디지털 전환의 대상이 두 가지로 나뉘어졌습니다. 일하는 방식에 대한 디지털 전환과 사업 자체, 즉 해당 회사의 제품이나 서비스 자체를 디지털로 전환하는 것입니다.

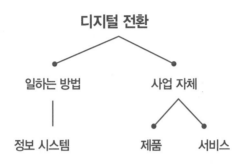

▲ 디지털 전환의 두 가지 관점

디지털 전환의 두 가지 관점에 접근하는 방식은 다시 두 가지로 나눕니다. 중공업, 전자, 화학, 제약 등과 같이 오래 전부터 사업을 영위해왔던 전통 기업의 접근법과 네이버, 카카오 등의 포털 기업, 엔씨, 넥슨으로 대표되는 게임 기업, 인스타그램, 페이스북 등의 SNS 기업, 배달의민족, 마켓컬리와 같은 O2O(Offline to Online, 온라인 기반 오프라인 서비스) 기업 등이 속한 디지털 기반 기업의 접근법은 완전히 다를 겁니다. 전통 기업은 이미 운영을 위한 정보 시스템을 갖추고 있는 상태입니다. 그래서 이미 사용하고 있는 정보 시스템에 신기술을 적용해 디지털 전환 영역을 넓혀서 운영체계를 효율화하는 작업을 우선적으로 진행할 겁니다. 그리고 자사의 제품 기능 중에서 디지털 기술을 반영하면 제품 경쟁력이 강화되는 부분에 디지털 전환을 시도하겠죠. 또한 디지털 기반 기업처럼 처음부터 디지털 전환을 신사업에 적용할 수도 있어요. 결론적으로 전통 기업의 디지털 전환 방향은 일반적으로 일하는 방식에서 시작해서 사업 자체로 확장되어 가는 것입니다.

반면 디지털 기반 기업들은 사업 자체가 디지털 기반이므로 사업 자체의 디지털 전환이 우선일 겁니다. 운영을 위한 시스템은 처음에는 아주 제한된 부분에 대해 클라우드 서비스 위주로 도입될 것입니다. 하지만 사업이 커지고 다각화되기 시작하면 공통 기능만 제공하는 일반 클라우드 솔루션으로는 한계를 느끼게 되는데, 그때 특화된 정보 시스템을 만들어가기 시작합니다. 이것을 그림으로 정리해 보면 다음과 같습니다.

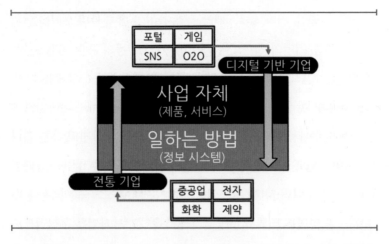

▲ 전통 기업은 정보 시스템에서 제품으로, 디지털 기반 기업은 제품 자체에서 정보 시스템으로 확장된다.

"A사가 생산 전 영역에 디지털 혁신 기술을 도입해서 이루어 낸 성과는 '디지털 전환'을 좇는 우리 그룹에 좋은 롤 모델을 제시했습니다. 이번 성공 경험은 세계 1등 제련소(Global No. 1 Smelter)의 비전을 달성하는 데 아주 중요한 차별적 무기가 될 것입니다."

'디지털 전환이 그룹 경쟁력을 높이는 지름길'이라는 점을 항상 강조해 온 G회장은 디지털 혁신 기술과 빅데이터를 동제련업의 특성에 맞춰 재해석하고 구현했다는 부분을 높이 평가했다. G회장이 성과를 점검한 1단계는 통합 생산 업무 플랫폼(MES)과 원료 최적 조합 시스템(APS), 개방형 양방향 제어 시스템(DCS)을 생산 설비에 도입하는 것이 핵심이다. 이는 제련소의 3대 핵심 경쟁력에 디지털 기술을 융합하는 '첫 단추'이다.

화장품을 ODM(제조업자 개발 생산)으로 제조하는 B사는 'AI로 소비자 맞춤형 화장품 생산'을 목표로 한다. L회장은 앞으로 "뷰티산업의 혁명적 변화는 소비자가 이끌어낼 것이고, 소비자의 다양한 요구를 빠르게 만족시키려면 스피드와 글로벌화가 중요합니다."라고 말했다.

스피드와 글로벌화를 강화하기 위해 L회장이 주목한 게 인공지능(AI)이다. 그는 "포스트 코로나시대에 대비해 외부 AI 전문가와 협업해 회사 체질을 완전히 바꾸는 작업을 시작했습니다."라고 강조하면서 온라인 비즈니스를 강화하고, AI와 빅데이터 등 ICT 기술을 활용한 혁신적인 생산 시스템 도입을 준비 중이라고 했다. L회장은 "테크놀로지의 급격한 발전으로 AI가 사람만 가능하던 소설을 쓰고 그림도 그립니다. 따라서 화장품 처방은 물론 제품 연구, 개발, 생산 전 과정을 AI가 주도하는 날도 멀지 않았습니다."라고 말했다.

1924년 창립해 '100년 기업'을 향해가고 있는 C그룹은 끊임없는 도전과 혁신을 거듭해왔다. C그룹은 화학, 식품, 의약 바이오, 신소재 사업 등을 핵심 사업으로 삼고 '생활을 풍요롭고 편리하게 하는 기업'을 핵심 가치로 하고 있다. 어느 때보다 빠르게 변화하는 현시대에 창립 96년 된 C그룹은 이제 향후 200년을 바라보며 '디지털 트랜스포메이션'을 진행하고 있는데, K회장은 다음과 같이 강조했다.

"우리는 C그룹의 오랜 역사와 전통을 계승하고, 한편으로 새로운 도약의 기틀을 마련해야 합니다. C그룹의 미래를 위한 혁신, 디지털 트랜스포메이션은 일하는 방식의 변화죠. 기업의 프로세스, 시스템, 데이터 등을 완전히 새롭게 설계해야 미래 생존이 가능합니다."

C그룹은 국내 기업 중 선도적으로 ERP(전사적 자원 관리, 기업 시스템의 등뼈 역할을 함)를 도입해 지난 2001년부터 사용해왔는데, 최근 데이터의 중요성이 더욱 강조되고 업무 환경이 급변하면서 ERP 재구축에 착수했다. C그룹의 새로운 ERP인 '글로벌 원(One) ERP'는 국내외 사업장을 하나의 시스템으로 통합하고 클라우드 기술을 활용해 업무 효율을 극대화할 예정이다. 여기에 AI(인공지능)를 활용한 예측 분석, 모바일 업무 환경 등을 도입해 데이터 기반의 업무 혁신을 선도하고자 한다.

최근 언론에 발표된 디지털 전환에 대한 몇몇 기업의 기사를 요약해 보았습니다. 제련업, 화장품, 식품 등 가장 전통적인 사업을 하는 회사들이죠. 기사를 종합해 보면 디지털 전환의 대상에 MES(Manufacturing Execution System, 생산 실행 관리 시스템), APS(Advanced Planning System, 수요-공급 계획 시스템), ERP(Enterprise Resources Planning, 전사적 자원 관리 시스템) 등의 다양한 시스템 이름이 나옵니다. 이런 시스템은 과거부터 운영되어 왔던 전통적인 시스템입니다. 디지털 전환을 위해 새롭게 만들어진 것이 아니기 때문에 계속 활용하던 운영 시스템에 디지털 전환의 핵심 기술을 접목하고 해당 영역을 넓히겠다는 것입니다. 또한 제품 연구, 개발, 생산 등 기업 전 부문의 일하는 방식을 새롭게 구축하고 클라우드, 인공지능 등의 기술을 활용해 업무 효율을 극대화한다는 것이 중심입니다. 앞에서 설명한 전통 기업이 디지털 전환에 접근하는 전형적인 방식이죠. 이미 사용하고 있는 정보 시스템에 신기술을 적용해 디지털 전환 영역을 넓혀서 운영체계를 효율화하는 작업을 우선적으로 진행하고 있는 겁니다. 반면 디지털 기반의 기업은 제품과 서비스 자체를 디지털화하는 것을 우선으로 합니다.

네이버가 '네이버플러스 멤버십'이라는 유료 구독 서비스를 내놓았다. 이 구독 서비스에 가입한 이용자들은 다음과 같은 총 다섯 가지의 혜택 중 네 가지를 선택해서 이용할 수 있다.

△ 네이버웹툰과 시리즈용 쿠키 20개(2,000원 상당)
△ 바이브 음원 300회 듣기
△ 시리즈온 영화, 방송 감상용 캐시 3,300원
△ 네이버클라우드 100GB 추가 이용권
△ 오디오북 대여 할인쿠폰

하지만 이들 서비스가 네이버플러스 멤버십의 주된 혜택은 아니다. 어디까지나 이들 서비스의 이용권은 본래의 서비스에 따라붙는 부가 서비스이다. 네이버 구독 서비스의 핵심은 결국 '쇼핑'이다. 월 4,900원의 멤

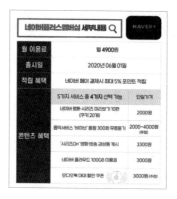

▲ 네이버플러스 멤버십의 세부 혜택

버십 가입비를 책정한 네이버도 이러한 속내를 숨기지 않는 모양새이다. 네이버플러스 멤버십 이용자는 네이버쇼핑, 예약, 웹툰 서비스 등에서 네이버페이로 결제할 경우 최대 5%를 포인트로 적립할 수 있다. 또한 여기에 네이버페이 충전 후 결제 및 제품 리뷰 등을 통해 3.5%의 추가 적립도 받을 수 있다. 최대 8.5%의 쇼핑 혜택이야말로 네이버가 내세우는 네이버플러스 멤버십의 가장 큰 혜택인 것이다.

2020년 6월에 네이버가 '네이버플러스 멤버십'이라는 서비스를 출시했죠. 이 내용 중에서 우리가 손으로 잡을 수 있는 물질이 하나라도 보이나요? 그런데 네이버의 제품입니다. 그것도 앞으로 주력 제품으

로 키울 의지가 보이는 서비스죠. 그중에서 제일 눈에 띄는 것이 웹툰입니다. 이미 폐업한 수많은 만화가게 사장님들의 절규가 들리지 않나요? 손에 침을 바르며 넘기던 실체가 있던 제품이던 만화책뿐만 아니라 라면냄새 가득 찼던 실체가 있던 만화방이 디지털로 전환되어 플랫폼 기업에 흡수되었습니다. 지금은 서비스 제공 혜택이 다섯 가지이지만 부가 서비스의 종류는 계속 늘어나겠죠.

이와 같이 디지털 기반 기업은 제품과 서비스의 디지털 전환이 우선입니다. 하지만 이런 회사도 직원을 채용하고, 월급을 주며, 필요한 물품을 사고, 재무제표를 공시해야 할 겁니다. 규모가 적을 때는 클라우드 서비스나 수작업으로 이러한 작업을 진행하겠지만, 규모가 커지고 복잡해지면 운영 영역을 지원할 시스템이 필요해집니다. 그 결과, 사업 영역에서 정보 시스템 영역으로 디지털 전환이 진행되겠죠.

전통 기업과 디지털 기반 기업의 차이

정보 시스템 영역에서 디지털의 확장은 어떻게 진행되어 왔을까요? 거시적인 관점으로 보면 기업이 정보 시스템을 본격적으로 도입하기 시작한 것은 1970년대였습니다. 아무래도 처음 시작은 돈을 관리하는 것이었죠.

우선 회계 처리를 위한 시스템으로 시작합니다. 그러다가 호황기가 왔고, 만들면 만드는 대로 잘 팔리다 보니 빨리 제조할 수 있도록 필요한 자재를 빨리 계산해 주는 것이 필요해집니다. 그래서 '자재 소요량'을 관리하는 MRP(Material Requirement Planning, 자재소요량 계획)라는 것이 추가됩니다. 사람이 손으로 계산해서 처리하던 것을 컴퓨터로 하니 정확해지고 속도가 빨라지는 거예요. 그래서 자재 소요량뿐만 아니라 생산에 필요한 자원 전체를 관리할 수 있도록 영역을 넓히게 되는데, 이것을 'MRP II'라고 합니다. 생산 자원이 어느 정도 관리되자, 회사의 나머지 부분이 눈에 들어옵니다. 영업, 구매, 품질, 서비스, 개발 등의 부문도 전체 회사 차원에서 더 효율적으로 관리하고 싶어지는데, 이 요구를 만족시킨 것이 전사적 자원 관리, 즉 ERP입니다. 지금은 우리 회사만 잘해서는 치열한 경쟁에서 이길 수가 없기 때문에 고객과 협력 회사까지 함께 관리하는 형태로 영역이 넓어졌습니다. 이것을 '확장 ERP'라고도 하고, 공급망 전체를 관리한다고 하여 '공급망 관리(SCM; Supply Chain Management)'라고도 부릅니다. 결론적으로 말하면 회계라는 영역에 머물러있던 디지털화(정보화)가 지금은 전 공급망을 아우르는 넓은 영역으로 확대된 것이죠.

정보 시스템의 적용 영역

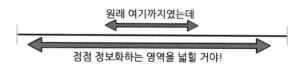

원래 여기까지였는데

점점 정보화하는 영역을 넓힐 거야!

▲ 적용 영역이 넓어질수록 디지털 전환이 확대된다.

거시적인 측면은 횡적으로 정보 시스템이 처리하는 영역이 넓어지면서 디지털화 되는 대상이 많아졌다고 볼 수 있죠. 반면 기술이 발전하면서 정보의 깊이와 양이 늘어나는 경우도 있는데, 이것을 '종적인 확대'라고 할 수 있어요. 종적인 확대는 기술 발전과 연관이 있습니다. 특히 모바일 기술과 사물인터넷(IoT, IoE)의 영향이 큽니다.

제가 첫 프로젝트에서 담당했던 업무가 품질 관리였습니다. 시스템에는 검사 결과를 수치값으로 입력한 후 해당 수치값이 합격 범위 안에 있으면 합격으로, 범위 밖이면 불합격으로 처리하는 기능이 구현되어 있었죠. 단순한 기능이고 수치값만 컴퓨터에서 입력하면 되니까 현장에서 쉽게 적용할 수 있고, 그동안 기록되지 않던 검사 결과까지 앞으로는 잘 관리될 것이라고 믿었습니다. 그런데 시스템을 오픈하고 일주일이 지났는데 현장에서 시스템을 제대로 사용하지 않는 겁니다. 생산 라인에 내려가서 왜 검사 수치값을 제대로 입력하지 않느냐고 따지듯이 물었죠. 과연 어떤 대답이 돌아왔을까요?

'니가 해 봐라.'였죠. 지금 생각하면 제 얼굴이 화끈거립니다. 검사가 진행되는 곳은 온통 기름이 묻어있고 하루 종일 철가루가 날리는 곳이었죠. 거기다 검사원은 손에 기름투성이 장갑을 끼고 있었고, 검사치를 입력할 수 있는 곳은 바닥에 있는 현장에서 임시로 만든 철제 사다리로 올라가야 하는 2층 간이 사무실 안에 있었죠. 이런 상황은 생각하지도 않고 책상 앞에 앉아서 안에서만 기능을 테스트했으니 현장에서는 한심스러웠던 겁니다.

실제 검사 수치는 그 이후로 한참동안 정보 시스템에 데이터로 기록되지 못했습니다. 그때는 저도 이렇게 생각했죠. 시스템에 검사 결과값을 입력하는 건 불가능하다. 그런데 10년 정도 시간이 지나고 상황이 바뀝니다. 모바일 환경이 갖춰지고 모바일 장비가 저렴해지면서 모바일 장비로 현장에서 바로 입력할 수 있게 된 겁니다. 현장 환경도 예전보다 개선되고 라인 한쪽에 키오스크를 설치해 현장에서 곧바로 입력할 수 있게 되었습니다. 하루 작업을 다 마치고 합격 여부만 한꺼번에 사후 입력하던 때보다는 제때 입력되었습니다. 하지만 완전한 형태의 검사 수치가 시스템에 들어갈 수 있었던 것은 IoT라는 기술이 나오면서부터였습니다. 검사 장비 자체가 검사를 하면 결과를 바로 출력하고, 이것을 품질 관리 시스템과 연결해서 값을 기계대 기계로 넘기면서 가능해진 겁니다.

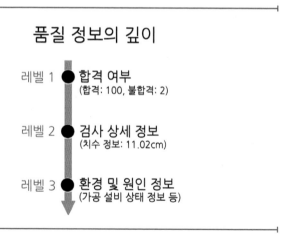

품질 정보의 깊이

레벨 1 ● 합격 여부
(합격: 100, 불합격: 2)

레벨 2 ● 검사 상세 정보
(치수 정보: 11.02cm)

레벨 3 ● 환경 및 원인 정보
(가공 설비 상태 정보 등)

▲ 정보의 깊이가 깊어질수록 디지털 전환 영역이 늘어난다.

그런데 궁금한 게 있습니다. 이렇게 쉽지 않은 과정을 긴 세월을 거치면서 좀 더 깊은 데이터를 더 많이 확보하려고 한 이유가 무엇일까요? 수많은 이유가 있지만, 여기서는 이해를 돕기 위해 좀 단순화해서 설명하겠습니다.

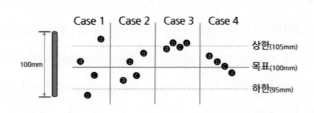

▲ 품질 검사치를 세부적으로 기록하는 경우

길이가 100mm인 철봉을 가공하는 공정에서 검사를 한다고 가정해 봅시다. 정확한 목표치는 100mm입니다. 현실적으로 정확히 100mm는 존재하지 않기 때문에 상한선과 하한선을 주고 그 안에만 들어가면 합격품으로 처리할 겁니다. 앞에서 설명했던 품질 정보의 깊이가 레벨 1일 때는 단순히 합격품과 불량품의 개수만 기록합니다. Case 1의 경우 합격품이 2개, 불합격품이 2개가 되겠죠. 불량품이 나오니 무언가 품질 개선을 위한 활동이 있을 겁니다. 하지만 Case 2와 Case 4의 경우는 네 개 모두 합격품이 나오니 품질 개선 활동은 전혀 일어나지 않겠죠. 이 수준에서는 아무리 많이 검사하고 그 결과를 기록해도 제품의 품질 개선에 검사 결과 데이터가 전혀 도움이 안 될 겁니다.

레벨 2로 가보죠. 이제는 수치값이 기록되기 시작합니다. Case 1은 당연히 문제가 되어 관리되죠. 추가로 Case 2, Case 3, Case 4의 결과가 의미가 있어집니다. 먼저 Case 2와 Case 3이 전부 합격품이 나오는 상황이지만, 다르게 보게 됩니다. 품질 측면에서 Case 2와 Case 3 중에서 어떤 것이 더 안정되어 있는 것일까요? 얼핏 봐서는 Case 3이 상한의 끝에 겨우 붙어있어 더 나빠 보이지만, 수치값이 거의 하나의 값에 몰려있습니다. 반면 Case 2는 모든 수치값이 상한과 하한 사이에 안정적으로 위치하고 있지만, 편차가 좀 큽니다. Case 3은 가공 설비를 조금만 조정하면 목표치에 거의 근사한 안정된 품질의 제품을 만들어낼 수 있겠죠. 하지만 Case 2는 간단히 해결될 문제가 아니죠.

마지막으로 레벨 3으로 가보죠. Case 4는 일정하게 수치값이 하향하고 있는 상황입니다. 이 경우 검사 결과의 수치값만 관리하고 있다면 이런 결과의 원인을 찾기 어렵습니다. 장인 수준의 작업자가 있다면 금방 찾겠지만, 그렇지 않다면 쉽게 원인을 찾을 수 없고, 원인을 해결하지 못하기 때문에 조만간 불량품이 나올 겁니다. 그런데 이때 가공 환경과 설비에 대한 정보가 같이 관리된다면 상황이 달라질 겁니다. 만약 하향 추세가 가공 설비의 온도가 어느 수준 이상으로 올라갈 경우에 발생한다면, 가공 설비를 잠시 멈추거나 냉각 장치를 추가해 문제를 해결할 수 있습니다.

정보 시스템에서 디지털 전환은 이렇게 횡적 확장과 종적 확장의 형태로 영역을 넓혀가고 있습니다. 이 과정에서 신기술을 적용하는 작업도 동시에 진행되고 있지요.

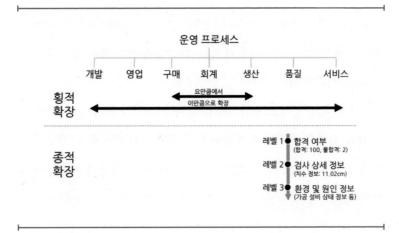

▲ 정보 시스템의 횡적 확장과 종적 확장

위의 그림과 같이 처음에는 회사 운영에 가장 필요한 부분인 회계, 구매, 생산 영역 위주로 정보 시스템을 활용하다가 영업, 품질로 확장하고 개발, 서비스 영역까지 넓혀가는 형태입니다. 그리고 그 각각의 영역에서도 횡적 확장과 종적 확장이 진행됩니다. 예로 들었던 품질 영역을 살펴보면 품질 영역의 가장 기본이 되는 부분이 품질 검사입니다. 이 부분이 가장 먼저 시스템화되고, 협력사 품질이나 품질 보증 영역을 시스템화할 겁니다. 그리고 최종 단계에서는 개발 품질과 품질 분석 및 추적성에 대한 시스템화 작업이 일어나겠죠. 종적 확장은 앞의 예와 같이 품질 검사를 시스템화해도 처음에는 합격 여부만 데이터로 관리하다가 검사 상세 정보를 데이터화합니다. 그리고 최종적으로는 IoT 기기를 활용해 환경 및 원인 정보까지 데이터화하는 방향으로 갈 겁니다. 지금까지 일하는 방법에 대한 디지털 전환에 대해 알아봤습니다. 제품과 서비스의 디지털 전환은 어떨까요? 스마트폰 하나만 보면 됩니다.

제가 첫 차를 샀던 게 25년 전 정도 될 겁니다. 그 당시에는 차를 사면 처음 맞는 여름휴가에 반드시 구입해야 하는 것이 있었습니다. 요즘 젊은이들은 상상도 못할 테지만, 바로 전국고속도로 지도였죠. 과거에는 어떤 기능을 수행하는 물건들이 다 분리되어 있었습니다. 외출을 할 때는 무슨 일이 있어도 집 열쇠, 지갑, 휴대전화, 이렇게 세 가지는 꼭 가지고 다녀야 했습니다. 이 중에서 하나라도 빠지면 곤란했죠. 지갑은 항상 배가 불러 있어서 카드지갑이 나왔고, 영업사원들은 명함지갑까지 따로 가지고 다녀야 했죠. 휴대전화도 엄청 커서 때로는 무기화되기도 했고 별명이 도끼폰인 것은 있었습니다. 그러다 보니 외출할 때 가방은 필수였습니다. 그런데 지금은 어떤가요? 스마

트폰 하나만 달랑 들고 나갑니다. 그게 왜 가능할까요? 지도, 돈, 신용
카드, 열쇠, 음악, 심지어 손거울마저 디지털화되었기 때문이죠.

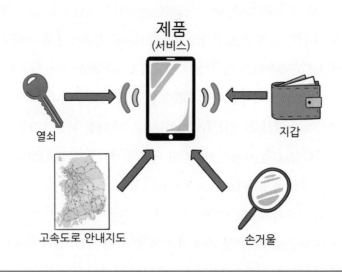

제품
(서비스)

열쇠

지갑

고속도로 안내지도

손거울

▲ 스마트폰에 흡수된 물건들

　그림을 보면 얼마나 많은 제품을, 심하게는 산업을 집어삼켰는지
알 수 있어요. 스마트폰이 플랫폼 역할을 하고 디지털화된 제품과 서
비스가 플랫폼에 흡수되는 형태입니다. 이것을 보면 왜 GAFA(구글, 아
마존, 페이스북, 애플)가 목숨을 걸고 플랫폼 기업을 표방하는지 이해가 될
겁니다.
　금융권도 좋은 사례입니다. 불과 10년 전만 해도 은행 서비스의 백

미는 한여름에도 긴 옷을 입어야 할 만큼 서늘하고 쾌적한 영업점이었습니다. 지금은 어떤가요? 금융상품의 디지털화가 진행되면서 은행이나 증권사 영업점을 찾는 것조차 어려워졌습니다. 제품(서비스) 자체가 디지털화된 사례입니다. 전국 방방곡곡에 있던 수많은 사무실 공간이 은행 어플로 디지털화되었고, 돈을 직접 받아서 입·출금을 처리하던 은행원의 서비스도 개개인의 손가락 클릭으로 전환되어 버렸습니다.

지금까지 현실에서 기업이 어떻게 디지털 전환을 수행하고 있는지 간단하게 설명했습니다. 이해를 돕기 위해 지나치게 단순화한 경향도 있지만, 큰 방향에 대한 설명 정도로 이해하기를 바랍니다. 또 한 가지 당부하고 싶은 것은, 두 가지 관점의 디지털 전환은 어떤 원인과 결과가 있거나 선행 및 후행이 있는 것이 아닙니다. 각자 필요에 의해 시작되었고, 개별적으로 해당 영역을 넓혀 왔습니다. 이 두 가지 관점이 섞이면서 디지털 전환에 대한 많은 오해와 혼란이 발생하는데, 이러한 혼란이 조금이라도 해결되었으면 합니다.

디지털 전환 인사이트 – 최초의 자율주행

통일신라의 영웅 김유신이 젊었을 때 천관녀라는 여성에게 빠진 적이 있었습니다. 한동안 그녀의 매력에 빠져 학업을 소홀히 하고 거의 매일 그녀의 집을 찾았답니다. 그러다 부모님께 호되게 야단을 맞고 학문과 무술 연마에 매진합니다.

그러던 어느 날, 낮술이 과했는지 집으로 돌아가는 길에 깜빡 말 위에서 잠이 듭니다. 눈을 떴을 때 말은 천관녀의 집 앞에 자동 파킹 중이었습니다. 말은 눈빛으로 '나 잘했지?' 하고 물었을 겁니다.

그 순간, 김유신은 칼로 말의 머리를 베어 버립니다.

우리 역사에 기록된 최초이자, 궁극의 자율주행 기록입니다. 왜 궁극의 자율주행이냐고요? 그건 '미국자동차공학회'에서 정의한 자율주행의 여섯 단계 레벨을 보면 알게 됩니다.

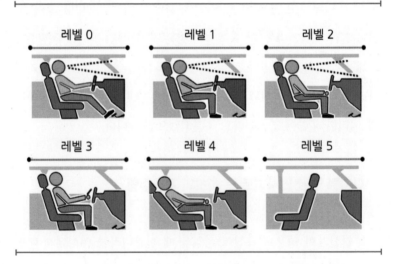

▲ '미국자동차공학회'에서 정의한 자율주행의 여섯 단계 레벨

구분	기능
레벨 0	자동화 요소가 전혀 없는 상태
레벨 1	• 카메라 및 센서를 활용해 자동 제어 및 가속 가능(어댑티브 크루즈 컨트롤 기능) • 운전자는 항상 운전대에 손을 얹고 주의해야 함
레벨 2	• 조향 및 속도를 동시에 제어(첨단 운전자 보조 시스템(ADAS)/테슬라의 오토파일럿 기능) • 운전자는 운전대에 손을 일시적으로 뗄 수 있지만, 항상 주의해야 함
레벨 3	• 조향, 제동, 가속뿐만 아니라 운전에 필요한 모든 기능 수행 • 자율주행의 초기 완성형 • 운전자는 운전 이외의 다른 일을 할 수 있음 • 경고나 요청이 있을 경우 언제라도 차를 제어할 준비를 해야 함
레벨 4	고속도로와 같은 정해진 구역이나 특정 조건에서 운전자가 차량 제어할 필요 없음
레벨 5	• 사람의 개입 없이 시스템이 모든 기능 수행 • 운전자는 승객이고 차량은 무인으로 움직이는 자동화된 이동 수단임

이제 왜 '김유신의 말'이 레벨 5, 궁극의 자율주행인지 알겠죠? 주인이 인사불성이 되어도 주인의 깊은 속마음까지 알아서 달리는 기술. 운전자가 전혀 개입하지 않았는데도 시스템이 모든 기능을 수행하는 경지입니다. 하지만 다음과 같은 문제점도 드러났죠.

첫째, 그날은 원하지 않았는데 이미 그녀의 가게에 가 있었다는 것
둘째, 그동안 천관녀의 가게를 들락거린 정황에 대한 기록

김유신은 말의 목을 베고 끝이 났지만, 이미 학습된 알고리즘은 어떻게 해야 하나요? 더 무서운 건 최근 코로나사태에서 자주 만나게 되는 떳떳하지 못한 동선의 기록이죠.

디지털 전환의 시작은 용어 정리로 시작했습니다. '4차 산업혁명'이라는 용어가 오랫동안 성과를 내지 못하자 '디지털 전환', '디지털라이제이션', '디지털 혁신' 등의 용어가 4차 산업혁명의 사전 준비라는 명목으로 쏟아져 나왔습니다. 이 책에서는 '디지털 전환'으로 용어를 통일했고, 권력이 약해진 4차 산업혁명은 기업 영역을 제외한 조금은 애매한 정치, 경제, 사회 영역으로 올려보냈습니다.

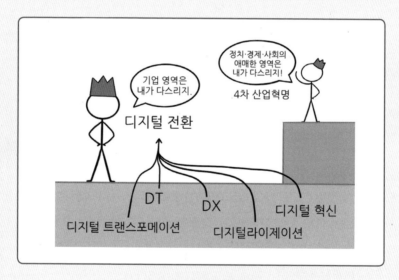

▲ 디지털 전환과 4차 산업혁명

이어서 본격적으로 디지털 전환에 대해 정의했습니다. 디지털 전환은 '물질을 정보로 바꾸는 것'이었죠.

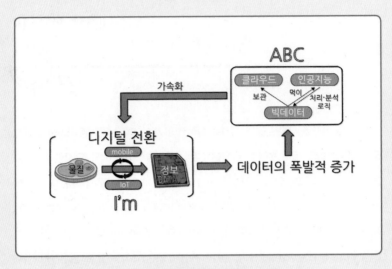

▲ 디지털 전환 사이클과 핵심 기술 'I'm ABC'

디지털 전환을 바탕으로 물질이 정보로 전환되는 영역이 확대되고 있는 와중에 모바일기기의 대중화와 '사물인터넷'이라고 부르는 IoT 기기들이 데이터를 폭발적으로 증가시켰고, 그 결과로 빅데이터가 만들어지죠. 이러한 빅데이터를 보관하기 위해 클라우드 기술이 사용됩니다. 그리고 빅데이터는 인공지능에 양질의 학습 데이터를 제공하고, 빅데이터로 잘 훈련된 인공지능은 빅데이터를 처리하고 분석하는 로직을 제공해 빅데이터의 처리 속도와 활용도까지 높이는 것이죠. 그 결과, 디지털 전환은 더욱 가속화되었는데, 이런 순환 구조를 '디지털 전환 사이클'이라고 명명했습니다. 여기에 사용된 핵심 기술의 머리글자를 따서 디지털 전환의 핵심 기술을 'I'm ABC'로 정리했어요.

마지막으로 기업에서 디지털 전환이 적용되는 두 가지 관점에 대해서도 이야기했습니다. 전통 기업과 디지털 기반 기업이 어떻게 디지털 전환에 접근하는지 설명했죠.

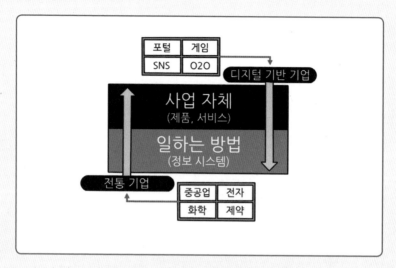

▲ 전통 기업과 디지털 기반 기업의 디지털 전환 확장 방향의 차이

전통 기업은 이미 운영을 위한 정보 시스템과 조직을 가진 상태입니다. 그래서 이미 운영 중인 정보 시스템에 신기술을 접목시켜서 운영체계를 효율화하는 작업을 우선적으로 수행한 후 자사의 제품이나 서비스로 확대합니다. 결론적으로 전통 기업의 디지털 전환 방향은 일반적으로 일하는 방식에서 시작해서 사업 자체로 확장되어 가는 것이죠.

반면 디지털 기반 기업들은 사업 자체가 디지털 기반입니다. 사업의 규모가 커지고 복잡해지면 운영 효율화가 필요해지죠. 결국 디지털 기반 기업의 디지털 전환 방향은 사업에서 일하는 방법으로 확장되어갑니다.

자, 이제 개념편이 끝났습니다.

THEME 02

"우리는 단기적으로
과학기술을 과대평가하는 경향이 있다.
하지만 장기적으로는 과소평가한다."

| 아서 클라크(Arthur C. Clarke), 공상과학 소설가이자 미래학자 |

기술편 : 전환의 완성

Digital Transformation

1 | 도구는 도구일 뿐이다 |

현장에서 컨설팅을 진행하다 보면, '디지털 전환'을 '빅데이터'나 '인공지능'과 동의어로 생각하는 사람들이 많습니다. 그렇다 보니 두 가지 반응이 나옵니다. 그중 한 가지는 '인공지능은 무조건 해야지!'라는 식의 성급한 반응이고, 두 번째는 '우리 회사는 아직 인공지능이나 빅데이터를 논하기에는 거리가 있어!'라는 방어적인 반응이죠.

'THEME 01 개념편'에서 설명했듯이 디지털 전환은 우리가 가진 물질의 영역을 데이터로 전환하는 것입니다. 기술은 이것을 잘 할 수 있도록 지원하는 것이죠. 그렇다고 기술이 중요하지 않은 것은 아닙니다. 역사가 이미 증명했듯이 기술은 도구이고, 강력하고 효율적인 도구를 빠르게 받아들이고 끊임없이 개선해서 실전에 활용하는 이들이 승리를 쟁취했으니까요. 박물관에 가서 고대 무기들을 자세히 본 적이 있나요? 멋지게 다듬어지고 예술적인 감각까지 넘치는 무기는 대부분 청동기 검입니다. 청동기 검을 보다가 이런 상상을 해 보았습니다. 철기시대가 시작되는 시점에 청동검을 최고로 강하면서도 아름답게 만들었습니다. 하지만 막상 전쟁터에 나가서 만난 건 투박한 철로 만든 검이었습니다. 결과는 어땠을까요? 어쩌면 지금이 청동기와 철기의 전환기일지도 모릅니다. 어떤 도구를 선택해서 어떻게 만드냐에 따라 운명이 바뀔 수 있습니다. 도구를 고를 때는 다음 두 가지를 명심해야 합니다.

첫째, 도구는 도구일 뿐, 목적이 아닙니다. 따라서 내 목적을 먼저 설정하는 것이 중요합니다.
둘째, 나에게 맞춰진 맞춤형의 도구를 만들어야 합니다.

하이힐과 브래지어

고객사에 지원을 갔다가 같이 갔던 여직원과 밥을 먹고 산책 겸 수변 공원을 산책했습니다. 산책 중에 그 친구의 하이힐이 맨홀 구멍에 걸렸습니다. 몸 개그에 웃고 말았지만, 다리를 다칠 뻔했죠. 그래서 할 필요도 없는 질문을 던졌습니다.

"불편하고 신고 다니기 힘든 하이힐을 왜 신어요?"

그녀는 저를 빤히 쳐다보며 말했죠.

"예쁘잖아요."

이렇게 신는 이유가 명백한 하이힐은 처음에 매우 실용적인 용도로 만들어졌습니다. 중세시대까지 유럽에는 변변한 화장실이 궁전에도 없었죠. 그렇다 보니 노상방뇨 수준을 넘어 길거리에 오물이 넘쳤습니다. 날씨가 좋으면 오물이 말라버려서 견딜 만한데, 비가 많이 오는 날이 문제였죠. 길은 진흙탕이 되고 진흙탕에 오물이 녹아 섞여서 걸어다니기가 너무 힘들었습니다. 그래서 만들어진 것이 초창기의 하이힐이었습니다. 처음에는 여성용으로 만들어지지도 않았죠.

시간이 흘러 공중위생 수준이 높아지고, 거리에서 오물이 사라졌기 때문에 순리대로라면 하이힐도 같이 명을 다해야 했겠지요. 바로 그때 미적 감각이 뛰어난 여인이 있었어요. 하이힐이 오물 회피용이 아니라 자신의 짧은 다리를 보완할 절호의 아이템임을 알아챘던 거죠.

좀 더 시대를 거슬러 올라가면 이런 여인도 있습니다. 로마가 한창 식민지 원정을 하고 다닐 때였는데, 어느 아프리카 인근에서 승리를 하고 개선을 기념하는 가두행진이 있었습니다. 아름다운 깃털로 장식된 투구를 쓰고, 빛나는 황금 흉갑을 입은 귀족 청년 장교를 한 여인이 넋을 읽고 바라보고 있었습니다. 바로 그 순간, 그녀의 눈이 반짝 빛납니다. 그녀의 눈은 청년의 얼굴에서 가슴에 꽂히죠. 옆에 있던 원로원 의원이었던 남편에게 말합니다.

"너무 이뻐. 갖고 싶다."

남편은 '이 사람이 또 무슨 소리를 하는 거야.'라고 속으로만 생각하고 입을 꾹 다물고 있습니다.

"저 흉갑 말이야. 내가 하면 멋있을 것 같지 않아?"

남편은 얼마 후 전투물자에 손을 대었고, 부인은 아주 만족했다고 하죠.

디지털 전환이라는 개념과 이것을 실현하기 위해 활용되는 기술의 관계가 하이힐과 브래지어 이야기와 일맥상통한다고 생각합니다. 'THEME 01 개념편'에서 '디지털 전환'은 말 그대로 그동안 디지털이 아니었던 부분을 디지털화하는 것이라고 했습니다. 이 작업을 쉽게 하고, 전환 결과를 효율적으로 잘 쓰기 위해 이미 존재했던 기술을 적극적으로 가져다 쓰거나 새로운 기술을 고안하는 활동을 통틀어 큰 의미의 '디지털 전환'이라고 할 수 있습니다.

하이힐과 브래지어도 아름다움을 열정적으로 추구하는 안목 있는 여인들이 다른 용도로 사용하던 물건을 적극적으로 받아들인 결과입니다.

▲ 새로운 용도를 찾은 하이힐과 브래지어

　어떤 훌륭한 분이 인류의 역사는 도구의 발전 과정이라고 했습니다. 그런데 그 도구의 활용과 발전 과정이 하이힐처럼 처음 만든 사람의 의도대로 가는 것은 아니죠.

　중국에서도 이런 일이 있었습니다. 중국 경제가 급속히 발전하면서 농촌에서도 세탁기를 많이 사용하게 되었어요. 그즈음부터 세탁기의 고장 신고가 급격하게 증가했습니다. 세탁기 회사의 관계자들은 갑자기 고장이 늘어난 이유를 조사하기 위해 현장에 갔다가 경악했습니다. 농부들이 추수한 감자와 고구마를 세탁기에 넣어서 세척을 하고 있었던 거예요. 대부분의 회사들이 이렇게 말했습니다.

"세탁기는 옷을 빼는 거예요. 감자나 고구마를 씻는 용도가 아니에요."

하지만 한 회사만 다르게 반응했죠. 고객이 그렇게 사용하면 그게 맞는 것이라고 결정하고 조치를 취합니다. 배수구를 넓히고 흙탕물과 이물질이 쉽게 빠질 수 있도록 설계를 변경하죠. 이 세탁기는 농촌에서 대박이 납니다. 마찬가지로 흉갑을 원했던 아내에게 국가 전투 물자를 어디 함부로 쓰냐고 면박을 주었다면, 청렴하면서 도덕적인 로마시민은 되었겠지만, 아내에게 사랑받는 남편은 되지 못했을 겁니다. 그리고 후대에 엄청난 산업이 만들어지지도 않았겠죠. 신기술을 파는 회사, 이것을 활용하는 회사가 꼭 기억해야 할 관점입니다.

각광받는 기술이나 도구가 있습니다. 그러면 처음에는 사람들이 신기해합니다. 그리고 더 많은 사람들이 주변에서 그것을 쓰기 시작하면 불안해지기 시작합니다. 다른 사람들이 다 쓰니 나도 사용하지 않으면 뒤처진다는 강박에 쌓이죠. 여기에 불을 붙이는 것이 그 기술과 도구를 파는 회사입니다. 다들 이런 식으로 많이 하니까 고객님도 그래야 한다고…. 하지만 이런 식의 기술 도입은 4번 타자가 1루를 향해 헤드퍼스트 슬라이딩하는 것과 같습니다. 성공 가능성은 낮고 위험하기만 하죠.

도구는 잘 가져다 쓰는 게 최고입니다. '이 제품의 원래 목적은 이거니까 이렇게만 쓰는 게 맞아요.'라는 태도를 가진 기업이나 전문가는 의심해야 합니다. 특히 새로운 기술이 시작되는 시점에는 더 그렇습니다. 아무도 그 기술이 어떻게 성장할지, 어디에 활용해야 할지 정답을 가지고 있지 않으니까요. 그래서 디지털 전환의 시대에 더 중요한 것이 내가 필요한 것을 명확히 아는 것입니다. 도구는 도구일 뿐입니다. 우리 회사가 디지털 전환을 잘 하기 위해 적합한 도구를 가져다 쓰는 것이지, 목적과 관계없이 유행하니까 인공지능, 빅데이터, 사물인터넷을 도입하는 것이 아닙니다.

새로운 도구를 받아들였다면 바로 두 번째 단계로 넘어가야 합니다. 나에게 맞춰진 맞춤형의 도구를 만들어야 하죠. 그 분야의 달인이라고 해도 자신의 신체조건에 맞지도 않는 관우의 청룡언월도를 들고 나가면 바로 죽습니다. 정보 시스템의 세계에서는 얼마 안 가 청룡언월도를 버리고(시스템 도입 실패) 담당자가 죽겠지요.

고수의 연장

얼마 전에 집에 배관이 막혀서 인터넷을 통해 업체를 찾아 연락했습니다. 다음 날 젊은 사람이 깔끔한 공구통을 들고 왔습니다. 무언가 전문가 냄새가 나고 잘 정리된 공구통 안을 보니 믿음이 갔습니다. 하지만 이 사람은 하루 종일 집 안을 들쑤셨지만 결국 원인을 찾지 못했습니다. 그날 저녁에 어쩔 수 없이 관리사무소에 전화를 해서 혹시 다른 집에도 비슷한 일로 사람을 불렀는지 물었는데, 마침 한 사람이 있다고 하더군요. 다음 날 옛날 중국영화에서 쿵후 사부 같은 사람이 낡은 공구통과 이상하게 생긴 갈고리 비슷한 쇠줄을 들고 왔어요. 첫 인상은 좋지 않았습니다. 그런데 이 사람은 이상한 모양의 쇠줄로 몇 군데를 쑤시더니 금방 원인을 찾고 해결했습니다. 저는 그 쇠줄이 탐이 나서 어디서 샀냐고 물었더니 판매하는 게 아니라고 하더군요. 그 사람이 이 일을 30년 넘게 하면서 스스로 고안하고 개선한 결과물이라고 합니다. 그리고 각 부분이 근처의 오래된 아파트에 적합하게 제작되어 있다고 했습니다.

▲ 신참과 고수의 연장

비슷한 경험이 또 있습니다. 처음 사회생활을 시작했을 때 우리나라를 대표하는 전자 회사에 견학을 갔습니다. 공장에 들어갔더니 다양한 기계들이 한 줄로 죽 늘어서 있었는데, 그중에서 특히 눈에 들어온 장비가 '칩마운터'였어요. 전자기판에 미리 프로그래밍된 대로 부품들을 자동으로 부착하는 기계였죠. 경험이 없었던 제가 보기에는 그 기계가 거의 모든 일을 다 하는 것처럼 보였습니다. 마지막 최종 검사와 이동만 사람이 하는 듯했죠. 그런데 칩마운터는 장비제조 회사에서 사온 것이었습니다. 그래서 이런 생각이 들었습니다.

'저 장비를 만드는 회사가 이 일을 가장 잘할 수 있는 것 아닐까? 그런데 왜 직접 제품을 만들지 않고 장비를 만들어서 팔까?'

지금 생각하면 정말 어리석은 질문이었죠. 같은 회사에서 생산된 기계이지만, 그 기계를 자신의 회사 제품에 맞도록 변경하고 각 기계들 간에 어떻게 배치하느냐에 따라 생산성과 제품의 품질이 크게 달라진다는 것을 곧 알게 되었습니다. 그리고 높은 수준의 회사일수록 제품을 개발하는 초기에 장비제조 회사와 같이 개발 작업을 한다는 것도 알게 되었죠. 그때 깨달았습니다. 아무리 범용 장비라고 해도 어떤 회사가, 어떤 직원이 쓰느냐에 따라 과정뿐만 아니라 결과도 크게 달라진다는 것을요.

디지털 전환에 관계되어 있는 수많은 기술도 마찬가지일 겁니다. 디지털 전환과 함께 언급되는 인공지능, 빅데이터, 클라우드, 사물인터넷 등의 기술은 근본적으로는 젊은 배관공이 가진 신참 공구통일 뿐입니다. 그것을 활용해 고수용 전용 연장을 만드는 것은 배관공의 기량 차이죠. 그리고 그것을 성공적으로 해 내려면 먼저 내 안을 살피고 내 제품과 핵심 역량에 날개를 달 방향을 정해야 합니다. 그다음에 다양한 기술과 도구를 섞고 조합해 '고수의 연장'을 만드는 것이 맞습니다.

자신만의 연장을 만들 때 명심해야 할 것이 있습니다. 반드시 자신의 생각과 손을 거쳐서 만들어야 한다는 점입니다. 물론 공구의 기본 재료는 공구상가에서 살 수 있겠지요. 그러나 조합과 변형에 스스로의 생각이 들어가야 실전에서 유연성이 생길 테니까요.

젊은 배관공이 가졌던 새 공구세트만으로는 현장에서 자주 곤란함을 겪을 겁니다. 누구라도 어느 정도의 돈만 지불하면 가질 수 있는 도구이고, 그것으로 쌓을 수 있는 노하우도 한정되어 있기 때문입니다. 반면 자신만의 도구를 가졌던 배관공은 다양한 상황에 손쉽게 대응할 수 있을 겁니다. 물론 자신이 만든 특화된 도구의 힘도 크겠지만, 그 도구를 만들고 개선하는 과정에서 쌓인 노하우를 시의적절하게 꺼내 사용할 거니까요. 그리고 필요하면 언제라도 도구를 그 자리에서 수정해서 사용하겠죠. 이것을 개인에게 적용해서 말하면 임기응변 능력이고, 기업으로 따지면 기민성(Agility)이 높다고 하죠. 이런 능력을 확보하려면 자신이 필요한 것을 정확히 알고, 이것을 현실화할 수 있는 능력이 가장 중요합니다. 디지털 전환에서도 이 능력이 담보되지 않으면 실패할 가능성이 높아집니다.

코로나사태를 통해 아픈 교훈을 배운 기업들이 많습니다. 코로나사태가 본격화되기 전까지 디지털 전환의 핵심 선수 중 하나는 단연 공유 경제였죠. '공유'라는 기치를 걸고 에어비앤비는 세계 최대의 호텔 체인을 추월했고, 우버는 렌터카 산업을 고사 직전까지 몰고 갔습니다. 그런데 눈에 보이지도 않는 바이러스 하나가 두 기업을 벼랑 끝으로 몰아가고 있습니다. 타인의 집과 차를 완전히 신뢰하고 사용할 수 없는 상황 변화가 '비대면'이라는 개념을 만들었고, 거스를 수 없을 것 같았던 '공유 경제'라는 큰 물결을 막아선 겁니다. 물론 이 싸움의 끝은 어떻게 될지 모릅니다. 하지만 한 가지는 확실하죠. 이런 상황에서 자신만의 능력과 노하우에 새로운 기술을 빠르고 적절하게 적용해서 경쟁력을 먼저 확보하는 쪽이 이길 거라는 점입니다.

이런 움직임은 벌써 시작되었습니다. 며칠 전 출장 때문에 역으로 가는 길에 깨톡택시를 탔는데, 택시 유형이 하나 더 늘었더군요. 그 옆에 바퀴벌레잡이로 유명한 회사 표시가 있었고, 'ㅇㅇㅇ와 함께하는 T 블루 바이러스 케어'라는 문구가 깜빡거렸습니다. 깨톡이 원래 가졌던 디지털 연장에 다른 고수의 전통 연장을 빌려와서 꽂아 넣은

근처에 바로 배차되는
카카오 T 블루가 있어요!

블루 세스코 멤버스   예상 30,900원
쾌적한 카카오 T 블루   이용료 무료

▲ 세스코와 카카오의 협업

격입니다. 이것을 보고 두 가지 생각이 떠올랐습니다.

'디지털 전환이 되지 않은 기업이라면 이렇게 빠른 대응이 가능했을까?'

'만약 반대의 경우(전통 기업이 디지털 기업의 기술을 접목)에도 이렇게 빠르고 유연하게 되었을까?'

당장은 불안감으로 공유 기반 서비스를 외면하고 있지만, 모바일과 인공지능, 빅데이터 등을 활용해 다른 사용자가 사용한 후 100% 완벽하게 방역이 이뤄지는 것을 보장한다면 소비자들은 편리하고 저렴한 곳으로 언제라도 돌아설 것입니다.

디지털 전환은 오늘부터 시작해서 어제까지 전혀 안 하던 것을 갑자기 하는 것이 아닙니다. 내가 하는 일을 좀 더 정확하고 효율적으로, 내가 가진 역량을 좀 더 강하고 유연하게 만들 방법을 새로 나온 기술과 연장, 전통의 도구나 일반 도구에서 찾아 쓰는 것입니다.

- 도구는 도구일 뿐 목적이 아니다.
- 나에게 맞는 도구를 도입했다면, 나에게 맞춰진 맞춤형 도구를 만들어야 한다.

이 두 가지 개념을 확실하게 장착하고 디지털 전환의 핵심 기술

'ABC'에 대해 알아보죠. 쉽게 설명하기 위해서 ABC 순서가 아니라 CBA 순서로 설명할게요. 왜 그런지는 'THEME 01 개념편'을 제대로 학습했다면 알 겁니다.

디지털 전환 인사이트 - 빈 비누케이스를 찾는 법

미국의 어느 비누공장에서 벌어진 일입니다. 비누를 포장하는 기계가 가끔 오작동하면서 비누가 들어 있지 않은 빈 케이스가 발생하여 불량품이 생겼습니다. 경영진은 이 문제로 외부 컨설팅을 요청했죠. 그들은 사무실을 잡고 현장의 라인을 둘러본 후 여러 가지 해결 방법과 리스크를 나열해 최종 해결책을 만들어냈습니다. 그들은 엑스레이 투시기를 도입하여 빈 케이스를 구분해야 한다고 권고했죠. 하지만 문제는 비용인데, 컨설팅 비용 10만 달러는 이미 발생했고, 엑스레이 투시기 구매에 50만 달러, 인건비 5만 달러가 추가로 발생하게 생겼습니다. 경영진은 이 방안을 도입할지의 여부와 함께 도입할 경우에는 비용을 줄일 수 있는 방법에 대해 고민했습니다. 그런데 갑자기 현장에서 이 문제가 해결되었다고 연락이 온 겁니다.

현장에 가서 문제 해결 방법을 목격한 경영진은 매우 크게 놀랐습니다. 문제를 해결한 사람은 다름 아닌 갓 입사한 신입사원이었는데, 그는 집에서 선풍기를 가져와 포장 기계에서 나오는 빈 케이스를 날려버리고 있었습니다. 선풍기는 50달러짜리였죠.

디지털 전환과 인공지능, 빅데이터, 로봇 등의 트렌디한 기술의 관계도 이와 유사합니다. 우리는 종종 유행을 따르다가 본질을 놓치는 실수를 하곤 합니다. 아마도 컨설턴트들은 비누케이스 속이 비어 있는 것을 확인하는 것에 꽂혀서 그 주위를 빙빙 맴돌았을 겁니다. 그래서 엑스레이 투시기가 필요했겠죠. 반면 신입사원은 '빈 케이스를 제거하는 것'이 본질이라고 생각했습니다. 비누 케이스 속이 비어 있다는 것을 굳이 알아야 할 필요는 없었던 것이죠.

2 | 클라우드 | 데이터가 의지할 언덕을 마련하다 |

정형과 비정형

'태초에 데이터가 있었다!'

이 모든 소동의 시작은 데이터였습니다. 빌 게이츠가 모든 가정에 PC 한 대씩 놓아 주겠다고 선언한 후 한참이 지난 1990년대에도 PC 는 자산이었습니다. PC는 가정에서 거의 자동차처럼 소중한 재산이었죠. 그러다 보니 저희 세대만 해도 컴퓨터는 소중하게 다뤄야 하는 물건이었습니다. 부지런한 어머니들은 십자수로 컴퓨터와 키보드 덮개를 만들어 소중한 컴퓨터에 먼지가 안 쌓이게 항상 얹어놓곤 했습니다. 키보드로 누군가의 등을 때리는 행동은 감히 상상도 할 수 없었죠. 이렇게 소중한 컴퓨터에 넣는 데이터는 정제되고, 수많은 고민 끝에 만들어진 것들이었죠. 그렇게 해도 매정한 컴퓨터는 입맛에 조금만 안 맞는 데이터가 들어오면 오류를 발생시키면서 뱉어내곤 했죠. 그래도 당연히 사람이 잘못했다 생각하고 스스로 데이터를 고쳤습니다. 그렇다 보니 컴퓨터에는 전문 용어로 '정형 데이터'만 입력되었죠.

'정형 데이터'는 말 그대로 컴퓨터의 입맛에 딱 맞게끔 요리된 데이터를 뜻합니다. 컴퓨터에 넣으면 바로 소화할 수 있는 데이터죠. 엑셀의 잘 정리된 데이터를 생각하면 됩니다. 그렇다고 엑셀에 입력된 것이 모두 정형화된 데이터는 아닙니다. 매출보고서를 엑셀로 정리해 보죠.

주문번호	주문일자	제품명	판매금액
ORD0001	2020-06-01	냉장고	3,100,000
ORD0002	2020-06-01	세탁기	2,000,000
ORD0003	2020-06-01	청소기	800,000
ORD0004	2020-06-04	세탁기	2,000,000
ORD0005	2020-06-04	에어컨	2,500,000
ORD0006	2020-06-04	에어컨	2,500,000
ORD0007	2020-06-07	에어컨	2,500,000
ORD0008	2020-06-07	청소기	800,000
ORD0009	2020-06-07	세탁기	2,000,000
ORD0010	2020-06-07	냉장고	3,100,000
합계			21,300,000

제품명 ▼	제품합계
냉장고	6,200,000
세탁기	6,000,000
에어컨	7,500,000
청소기	1,600,000
총합계	21,300,000

▲ 엑셀로 정리한 매출보고서

일자별로 어떤 가전제품이 판매되었는지 정리되어 있습니다. 제대로 입력했다면 판매금액을 선택하고 합계를 구하면 표와 같이 바로 총액이 자동으로 계산되고, 제품별로 합계도 쉽게 구할 수 있습니다. 컴퓨터가 잘 소화할 수 있도록 정해진 규칙에 따라 잘 입력했기 때문이죠. 그런데 '판매금액' 항목에 같은 금액이지만 숫자가 아닌 문자로 '삼백십만원정'을 입력하면 컴퓨터에 바로 문제가 생깁니다. 형식에 안 맞으니 계산을 못 해 주겠다는 거죠. 이런 데이터를 '비정형 데이터'라고 합니다. 이런 상황을 1990년대 중반까지 당연하게 생각했습니다. 컴퓨터는 '정형 데이터'만 처리하는 기계였습니다. 그러니 '비정형 데이터'를 소중한 컴퓨터에게 먹일 생각은 하지 않았죠.

이런 고정관념은 인터넷 붐과 함께 조금씩 허물어지기 시작합니다. 인터넷이 예상 외로 빠르게 보급되었고 뜬금없이 사람들이 컴퓨터에 편지를 쓰기 시작합니다. 처음에는 글자(텍스트)만 보내다가 디지털카메라가 나오면서 사진도 보내기 시작했고, 동영상도 곧 밀려 들어왔죠. 사용자 수의 증가도 그들의 예상을 뛰어넘었습니다.

구글과 같은 기업은 전 세계 사용자들이 입력하는 검색어를 모두 저장하고, 메일 같은 서비스 공간을 개인별로 각각 할당해 주어야 했습니다. 위기는 곧 찾아왔습니다. 폭발적으로 데이터가 늘어나면서 좀 튼튼해서 많이 비싼 컴퓨터인 서버와 저장소(스토리지)가 갑자기 대량으로 필요해진 겁니다. 그리고 사용자가 마구 입력하는 검색어처럼 컴퓨터의 입맛에 맞지 않는 비정형 데이터도 기하급수적으로 늘어납니다. 이런 문제가 한 번으로 끝나면 서버와 저장소를 늘렸겠지만, 상황은 점점 더 심각해집니다. 궁여지책으로 여러 대의 저사양 PC를 네트워크로 연결해서 붙여나가는 시도를 하게 됩니다. 이 시도가 성공하면서 다음 두 가지 문제가 해결됩니다.

첫째, 쉼 없이 늘어나는 데이터를 보관할 장소 문제가 해결됩니다.
둘째, 사정없이 밀려드는 데이터를 빠르게 처리할 컴퓨팅 파워를 가지게 됩니다.

여러 서버가 가진 두뇌(CPU, 중앙 처리 장치)에 일을 골고루 나눠준 것이죠. 이제 비정형 데이터를 문전박대할 필요가 없어집니다. 반대로 친구를 더 데리고 오라고 하죠. 때마침 SNS가 유행하게 되고, 집집마다 주던 인터넷 주소(IP 주소)◆를 하나하나의 기계에 각각 주게 됩니다.

이제 사람과 컴퓨터만 데이터를 받고 내보내는 것이 아니라 센서가 달린 500억 대의 기계들도 데이터를 내보내기 시작한 것입니다. 말 그대로 데이터량은 폭발하게 되었고, 이것을 '빅데이터'라고 부르게 되었습니다. 어떻게 보면 클라우드 기술이 빅데이터를 불러냈다고 할 수 있습니다. 물론 반대로 빅데이터가 먼저 나타나서 이것을 해결하기 위해 클라우드 기술이 만들어졌다고도 할 수 있으니 '서로가 서로를 불렀다' 정도로 정리하죠.

클라우드의 핵심 기술

여러 대의 PC를 네트워크로 묶을 수 있다는 것은 비싼 컴퓨터인 서버와 스토리지도 가능하다는 말이므로 앞으로는 대표로 '서버(Server)'라고 표현하겠습니다. 기업들이 조사해 보니 우리 회사의 직원만 놀고 있는 줄 알았는데, 꾀를 안 부릴 거라 믿었던 서버도 대부분 놀고 있었던 것입니다. 특정한 시간대나 이벤트 때 특정 자원이 바

◆ IP 주소: 2011년 2월 4일부로 IPv4만 사용하던 것에서 IPv6 체계로 확장되었습니다.

빴고, 모든 용량은 가장 바쁜 때에 맞춰져 있었지만, 아주 잠깐의 시간 외에는 엄청나게 여유가 있었던 겁니다. 결산 서버와 월급 계산용 서버는 월말에 잠시 일했고, 생산 실적을 관리하는 서버는 낮에만 일했던 것이죠. 그림의 왼쪽에 음영이 표시된 정도만 각각 사용되고 있었기 때문에 화가 난 회사는 각각 일하던 서버들을 묶어버렸습니다. 그랬더니 서버의 활용도가 오른쪽처럼 높아지면서 3개가 필요하던 자원이 2개로 줄어들었습니다.

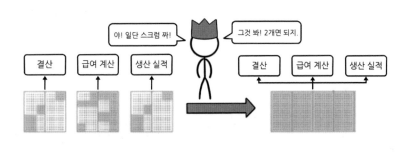

▲ 서버 가상화를 통한 자원 절감

이런 기적을 행하려면 두 가지 핵심적인 기술이 필요합니다. 첫째는 서버 가상화 기술이고, 둘째는 분산 처리 기술인데, 이것들을 '클라우드의 핵심 기술'이라고도 부릅니다.

핵심 기술 ─< 가상화(서버, 애플리케이션)

분산 처리

그러면 이 두 가지 기술이 필요한 이유를 알아보겠습니다. 먼저 서버 가상화 기술입니다. 최초에 클라우드 기술이 태동했던 상황을 해결해 주는 형태로, 여러 대의 실제 장비를 가상 설비로 소프트웨어를 이용해서 묶는 것이죠. 그 위에 운영체제(OS)를 설치하고 실제 구동할 프로그램을 올립니다.

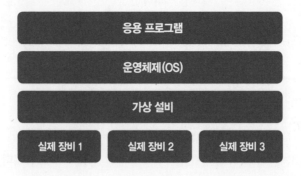

이렇게 되면 실제 서버 용량을 각각의 응용 프로그램에 필요한 최대치에 맞춰 가져갈 필요가 없어요. 실제 서버를 가상 설비로 통합해

켜고 끌 때 순간적으로 필요한 수만큼 서버를 늘리면 되니까요. 쉽게 서버나 스토리지를 늘릴 수 있게 되면 데이터의 양에 관계없이 보관할 곳을 확보할 수 있고, 두 번째 가능성도 열립니다.

　가상 설비로 여러 대의 서버와 스토리지를 통합할 수 있다는 말은 그 반대도 가능하다는 말이 됩니다. 하나의 서버를 필요에 따라 여러 개의 서버처럼 가상으로 나누어 쓰는 것입니다.

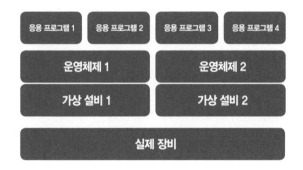

　궁극적으로는 두 가지를 섞는 형태가 될 겁니다. 이렇게 되면 새로운 사업 모델이 생길 수 있습니다.

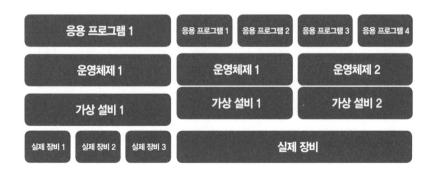

2018년 11월 22일 오전에 'AWS 서버 장애 발생! 쿠팡, 배달의민족 등 먹통'이라는 속보가 떴습니다. 많은 사람들이 두 가지 사실에 놀랐죠. 첫 번째는 쿠팡, 배민 정도의 큰 기업이 자체 서버 및 장비를 보유하지 않고 다른 회사가 제공하는 클라우드 서비스를 사용한다는 것이었습니다. 그리고 두 번째는 AWS(Amazon Web Services)가 전자책, 택배 정도로 인식해왔던 아마존이 운영하는 서비스였다는 것이었죠.

이런 일을 가능하게 하는 근본적인 이유는 바로 서버 가상화 기술입니다. '아마존'이라는 클라우드 서비스 제공 기업이 엄청난 규모의 실제 장비를 보유하고 있고, 그 위에 고객들이 필요로 하는 프로그램을 구동하게 하는 것이죠. 그리고 일정 금액을 사용료로 받습니다. 가상화 기술로 보관 장소의 한계에 대한 봉인이 풀렸기 때문에 더 많은 데이터가 걱정 없이 밀려 들어올 겁니다.

이제는 데이터를 처리하는 시간이 문제가 됩니다. 이 문제를 해결하는 기술이 분산 처리 기술인데, 개념은 간단합니다. 밀려드는 데이터를 여러 대의 서버에 나누어 병렬로 처리하는 겁니다. 처리해야 할 부하 상태에 따라 작업에 참여하는 서버와 스토리지 같은 자원을 늘리거나 줄일 수도 있게 합니다. 이렇게 되면 대량의 데이터를 고속으로 처리하는 것이 가능해집니다. 예를 들어, 구글에서 고안한 분산 처리 방식이 있습니다.

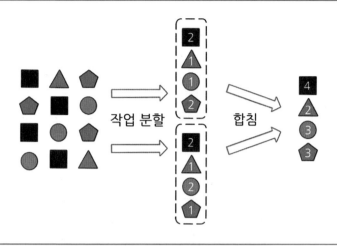

다양한 도형 그림이 있고, 문서 내용을 읽어서 각각의 도형이 몇 개씩 있는지 세어 출력하려고 합니다. 먼저 두 개의 작업으로 나누고 나눈 작업을 각 서버에서 수행합니다. 두 개의 서버라면 각 서버에서 할당된 도형이 몇 개인지 센 후 작업 결과를 합치는 겁니다. 이 방법은 대용량 데이터를 처리하기 위한 대표적인 병렬 처리 기법 중 하나입니다.

대학시절에 방학 동안 건설현장에서 막노동을 한 적이 있습니다. 그때 새벽마다 나간 곳이 인력시장이었습니다. 새벽 5시에 조그만 사무실에 20명 정도가 옹기종기 앉아 있으면, 건설현장에서 어떤 일에 몇 명이 필요하다고 사무실로 전화가 옵니다. 선착순으로 조금씩 인력이 빠져나가다 오전 7시가 되면 더 이상 사람을 찾지 않기 때문에 인력시장이 파했습니다. 운 좋게 일을 나가면 현장에 도착할 때까지 그날 무슨 일을 할지 모릅니다. 도착하면 현장에 작업반장이 있는데, 그 사람이 그날 할 일을 알려줍니다. 클라우드의 핵심 기술인 가상화와 분산 처리를 보다가 갑자기 그때 생각이 났습니다. 매커니즘이 거의 비슷하기 때문이죠.

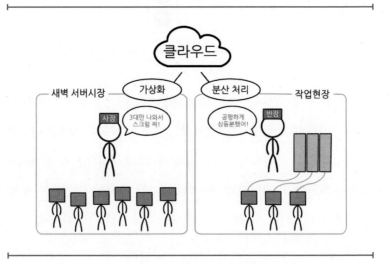

▲ 서버 가상화와 작업 분산 처리의 매커니즘

이렇게 해서 데이터가 무한정 늘어나도 일단은 처리할 수 있는 체계가 만들어졌습니다. 게다가 기술의 발달로 하드웨어의 가격은 날이 갈수록 저렴해집니다. 모든 사람들이 스마트폰과 여러 모바일기기를 하나 이상씩 가지고 다니고, 이것도 부족해서 모든 기계에 센서를 달고 센서마다 IP 주소를 줍니다. 그 결과, 데이터를 막 쏟아내겠지요? 그래서 데이터로 바뀌는 물질의 영역이 점점 더 넓어지고 깊어집니다. 빅데이터가 더 빅데이터가 되고, 동시에 처리가 더 힘들어집니다. 그래서 또 다른 새로운 방법이 필요해집니다. 이것이 바로 인공지능이 필요해지는 이유입니다. 이건 인공지능에서 다시 살펴보죠.

어디까지 맡길까?

바로 앞에서 아마존이 운영하는 AWS 서버에 대해 잠시 이야기했습니다. 클라우드가 만들어낸 새로운 비즈니스 모델이죠. 클라우드 기술이 나오기 전까지 어떤 회사가 정보 시스템을 도입한다는 것은 어느 정도 규모가 된다는 뜻이었습니다. 특히 전사적 자원 관리(ERP; Enterprise Resources Planning) 시스템 같은 대규모 정보 시스템을 구축하면 주가가 오르기도 했죠. 그만큼 정보 시스템을 구성하는 하드웨어와 소프트웨어의 가격이 만만치 않았습니다. 그래서 서버와 스토리지 같은 하드웨어와 오라클 DB, SAP 등의 비싼 소프트웨어는 회사의 큰 자산이었습니다. 그러던 것이 앞에서 살펴본 가상화와 분산 처리 기술을 활용하여 빌려 쓸 수 있게 된 겁니다.

아마존 같은 기업은 AWS라는 전문 서비스를 팔기 시작했죠. 그러자 지금까지 시스템 도입을 엄두도 못 내던 작은 기업들도 정보 시스템 도입을 전향적으로 고려하기 시작했어요. 또한 새롭게 사업을 시작하는 스타트업은 처음부터 클라우드 서비스를 거부감 없이 도입합니다. 쿠팡과 배달의민족이 대표적인 예입니다. 현재의 기업 환경도 이런 분위기에 기름을 붓습니다. 요즘 사업을 시작하면 어떤 업종이라도 최소한 모바일 앱은 만들고 시작하잖아요. 과거에는 사업의 기본 요소가 토지, 자본, 노동이었다면 지금은 비즈니스 모델과 시스템만 있으면 혼자서라도 시작할 수 있죠. 거기다가 정보 시스템은 전문 회사에서 빌릴 수 있으니 과거에 비해 사업을 시작하기가 엄청 쉬워진 거죠.

여기서 근본적인 하나의 문제가 발생합니다. '대체 어디까지 빌려야 할까?'의 문제죠. 내가 쓰고 싶은 기능이 전부 들어가 있고, 가격까지 내 마음에 쏙 드는 서비스를 살 수 있다면 전혀 문제가 없습니다. 그런데 그게 그렇지가 않죠. 만약 그런 것이 있다고 해도 또 문제는 있습니다. 나와 비슷한 사업을 하는 경쟁자들도 동일한 시스템을 사용할 것이기 때문입니다. 그러면 차별화를 통한 경쟁력을 가지기 어려울 겁니다. '배달의민족'과 '요기요' 서비스◆를 생각해 볼까요? 사실 두 기업의 비즈니스 모델에 근본적인 차이는 없습니다. 단지 앱과 이

....

◆ 2020년 6월, 배달의민족 서비스를 제공하는 ㈜우아한형제를 요기요 서비스를 제공하는 독일기업 딜리버리히어로(DH)가 합병했습니다.

것을 뒷받침하는 시스템이 달랐을 뿐입니다. 그래서 시스템 자원을 어디까지 다른 회사에서 빌리는지에 따라 여러 유형이 만들어집니다.

먼저 자원을 빌리느냐, 빌리지 않느냐에 따라 '자체 구축(On-Premise, 온프레미스 방식)'과 '클라우드'로 나눌 수 있습니다. '자체 구축은 클라우드가 대중화되기 전에 시스템을 도입하던 전통적인 방법이고, 지금도 대규모 기업의 다수 시스템은 이 형태로 구축되어 운영되고 있습니다. 돈과 노력이 많이 들어가는 대신 우리 회사에 딱 맞춘 시스템을 얻을 수 있습니다. 물론 프로젝트가 잘 되었을 경우에 말이죠. 요즘에는 클라우드를 더 강조하고 있으니 클라우드에 대해 편파적인 관점에서 비교해 보겠습니다.

항목	자체 구축	클라우드
경제성	최고치 사용량 기준으로 서버, 스토리지 및 소프트웨어를 구매하므로 피크타임 외에는 자원 낭비	사용 기능, 기간 기준으로 계약하므로 낭비가 없음
유연성	서버나 시스템을 확장하기 어려움 (더 필요한 용량을 산정하고 필요한 만큼 자원을 구매해야 함)	계약 변경을 통해 더 필요하면 시스템을 확장하고 불필요한 경우에는 간단히 축소도 가능
가용성	변경이나 장애 발생 시 시스템 이중화 및 백업 등의 조치가 필요하고 일시적인 중단이 발생함	서비스 제공업체가 알아서 해 줌
구축 기간	설계, 개발, 테스트 등의 과정을 모두 거쳐야 하고, 하드웨어와 소프트웨어를 구매하고 설치하는 데 비교적 긴 시간이 소요됨	서비스 제공업체가 준비된 자원을 활용하므로 신속하게 시스템 구축 가능

적고 보니 너무 편파적이네요. 이것이 완벽한 진실이면 세상 어디서도 자체 구축은 없겠죠. 클라우드의 단점은 장점처럼 보이는 곳에 숨어 있습니다. 예를 들어, 표의 세 번째 항목인 가용성에서 클라우드는 서비스 제공업체가 알아서 해 준다고 했는데, 알아서 해 주지 못할 때 문제가 되는 거죠. 한 마디로 서비스 제공업체의 실력에 많은 부분을 의존하게 됩니다.

앞에서 예로 들었던 AWS 서버 장애가 좋은 사례가 됩니다. 백업 계획이 세워져 있지 않을 경우에는 잘못하면 모든 고객 정보나 거래 정보 등을 잃을 수도 있습니다. 그럼에도 불구하고 대세는 클라우드를 향하고 있습니다. 글로벌 수준의 기업조차 최근에 '클라우드 퍼스트(Cloud First)'라는 슬로건을 걸고 클라우드 전환을 통한 디지털 전환 작업에 박차를 가하고 있습니다. 대신 계약 조건을 꼼꼼히 챙기고 있죠. 거기다가 서비스 제공업체들도 운영 노하우가 쌓이면서 이런 리스크가 점차 줄어들고 있습니다.

이제 클라우드를 서비스 제공업체로부터 어디까지 빌리느냐에 따라 세 가지 유형으로 나눠보겠습니다. 빌리는 정도에 따라 조금 빌리는 것을 이아스(IaaS), 적당히 빌리는 것을 파스(PaaS), 전부 빌리는 것은 사스(SaaS)라고 합니다.

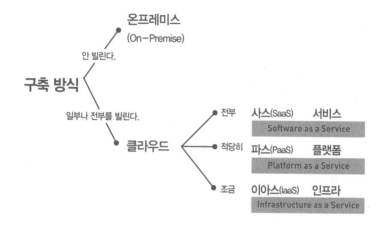

▲ 얼마나 빌리느냐에 따른 구축 방식의 분류

전부 빌리는 것은 명확한데, 적당히 빌리는 것과 조금 빌리는 것은 애매합니다. 이해를 돕기 위해 비유를 들어보겠습니다. 팀장이 직원들을 위한 공연을 기획하라는 지시를 받았습니다. 당장 다음 주부터 공연을 무대에 올려야 합니다. 어떻게 할 건가요?

힘들긴 하지만 소극장을 하나 빌려서 스스로 무대를 만들고 공연까지 준비하는 방법이 있습니다. 소극장만 빌리는 형태죠. 이것은 '이아스(IaaS)'입니다. 극장 주인에게 내가 원하는 무대까지 요청해서 만들어 달라고 하고 공연만 내가 스스로 준비할 수 있습니다. 이것은 '파스(PaaS)'입니다. 마지막으로 공연의 콘셉트만 대행사에 알리고 모든 것을 맡기는 방법이 있는데, 이것은 '사스(SaaS)'입니다.

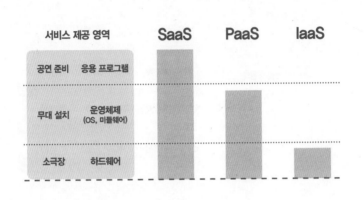

▲ 서비스 제공 영역에 따른 분류

이 세 가지 모델을 미국 표준기술연구소에서 오른쪽 표와 같이 정의했습니다.

세 가지 모델 중에서 우리 회사의 상황에 맞는 모델을 잘 선택해야 합니다. 무조건 자체 개발보다 클라우드가 좋고, 클라우드 중에서도 IaaS보다 SaaS가 우수한 것은 아닙니다. 사실 우리 회사에 딱 맞는 시스템 체계를 가지고 싶다면 SaaS보다는 IaaS가, 클라우드보다는 자체 구축이 훨씬 유리합니다. 우리 회사가 처한 상황과 경영 환경에 맞춰 때로는 하나 이상의 전략을 섞어서 사용해야 할 수도 있습니다.

서비스 모델	설명
IaaS (Infrastructure as a Service)	• 인프라 수준의 클라우드 서비스. 고객이 서비스 제공자의 서버에서 자신의 운영체제나 애플리케이션을 직접 관리하고 서비스를 사용함 • 서버, 스토리지 등의 하드웨어 요구사항(스펙), 사용할 소프트웨어의 종류와 버전, 운영체제 등을 구체적으로 요구해야 함
PaaS (Platform as a Service)	• 플랫폼 수준의 클라우드 서비스. 고객이 서비스 제공자의 운영체제와 도구 등 플랫폼을 활용해 자신의 애플리케이션을 서비스함 • 사용하고 싶은 응용 프로그램을 제외한 나머지를 모두를 위임, 개발 플랫폼(무대에 해당)까지 서비스 제공업체에서 제공하고 사용하려는 응용 프로그램의 기능만 구현하여 서비스함
SaaS (Software as a Service)	• 애플리케이션 수준의 클라우드 서비스. 고객이 서비스 제공자의 애플리케이션에 접근함 • 원하는 기능과 결과를 제공할 수 있는 서비스를 찾아서 사용

아파트냐, 단독주택이냐?

클라우드 서비스를 이아스(IaaS)든지, 사스(SaaS)든지 사용하기로 했다면 필연적으로 따라오는 문제가 있습니다. 서비스 유형에 따라 정도의 차이는 있겠지만, 다른 회사와 시스템 자원을 공유하거나 서비스 제공사가 우리 일을 대행함으로써 발생하는 보안 문제입니다.

영화 '기생충'에 나오는 박사장 집을 떠올려보세요. 사모님(조여정)이 가장 스트레스 받았던 것이 무엇인가요? 선을 넘지 않을 고용인을 구하는 것이었습니다. 가정교사로 시작해서 운전기사, 가정부, 정원 사까지 다 신경 써서 구하고 그 사람들을 잘 관리해야 했습니다. 그게 잘 안 되면 기생충이 들어와 살게 되는 것이죠.

　클라우드 환경에서 선을 넘지 않을 훌륭한 고용인을 누군가 선발 해 주고 관리해 주면서 내 프라이버시도 완벽하게 지키고 싶다면 클 라우드 서비스 제공 방식 중 프라이빗(Private) 모델을 선택해야 합니 다. 이에 반해 프라이버시와 층간 소음 문제는 좀 포기해도 저렴한 관 리비에 쾌적한 생활을 원한다면 아파트에 해당하는 퍼블릭(Public) 모 델을 선택해야 합니다. 반면 두 가지가 모두 필요하다면 복합형인 하 이브리드(Hybrid) 모델을 채택해야 할 겁니다.

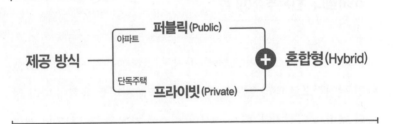

서비스 제공 방식	내용
퍼블릭 (Public)	• 일반 대중들이 사용할 수 있게 만든 B2C형 클라우드 인프라 및 플랫폼 • 일반 대중들에게 서비스 접근이 허용되고 인프라와 플랫폼의 소유권은 서비스 제공자에게 있음
프라이빗 (Private)	• 특정 조직 안에서만 운영되고 접근이 가능한 폐쇄적인 B2B형 클라우드 인프라 및 플랫폼 • 사내망에서 구현되며 온(On) 사이트이거나 오프(Off) 사이트로 구축됨
하이브리드 (Hybrid)	• 둘 이상의 상호 호환이나 운영이 가능한 다양한 업체의 퍼블릭 또는 프라이빗 클라우드가 조합된 클라우드 인프라 및 플랫폼 • 표준 인터페이스와 프로토콜을 통해 이식성이 뛰어난 애플리케이션 배치 • 보통 프라이빗 클라우드의 용량이 부족한 경우 퍼블릭 클라우드에서 신속하게 컴퓨팅 자원을 할당받을 수 있게 함

그런데 잠시만 고민해 보아도 서버만 빌려 사용하는 이아스(IaaS)나 퍼블릭이 프라이빗을 섞어 사용하는 하이브리드(Hybrid) 방식을 사용하는 이유는 쉽게 이해되지 않습니다. 얼핏 봐도 비효율적인 모델이 존재하고 선택하는 사례가 왜 있는 것일까요?

그 이유는 기업들이 처한 상황이 다양하기 때문입니다. 지금 막 사업을 시작하는 스타트업이나 아직 정보 시스템에 본격적으로 투자하기 전인 중소기업의 경우는 고민할 이유가 없습니다. 모두 빌려 쓰는 사스(SaaS) 모델을 선택하면 됩니다. 사스(SaaS)는 특별한 요청이 없는 한 퍼블릭(Public) 방식이 될 겁니다. 초기 투자 비용을 줄일 수 있고, 사업의 성장 속도에 따라 유연하게 정보 시스템에 대한 투자를 늘려

가면 됩니다.

반면 이미 많은 투자가 이뤄진 글로벌 기업이나 대기업의 경우는 다양한 상황을 고려할 수 밖에 없습니다. 그 결과, 여러 가지 전략이 섞일 수 밖에 없죠. 의사 결정에 가장 문제가 되는 것은 보안입니다. 아이폰이나 갤럭시의 새로운 모델 디자인이 정식 출시 한 달 전에 인터넷에 유출된다면 어떨까요? 실제로 이런 일이 일어났었고 회사 안에서 꽤 큰 논란이 있었습니다. 이 외에도 민감한 경영 정보가 담긴 데이터를 다른 회사의 손을 빌려 관리하는 것도 부담스러운 일이죠. 그래서 클라우드 도입 초창기에 대부분의 글로벌 기업들은 프라이빗 (Private)과 이아스(IaaS)를 선택했습니다. 운영 노하우가 담긴 고도화된 프로세스도 글로벌 기업이 사스(SaaS) 모델로 당장 전환하기 힘든 이유입니다.

글로벌 기업은 오랜 기간 정보 시스템을 운영하면서 자사에 최적화된 프로세스를 가지고 있습니다. 따라서 특수한 프로세스가 많을 수 밖에 없는데, 여러 회사가 함께 사용할 수 있도록 표준화된 사스 (SaaS) 서비스에서 이런 요구 사항을 만족시키지 못할 가능성이 매우 높습니다. 하지만 글로벌 기업도 해외 법인의 경우는 본사에 비해 프로세스의 복잡도가 낮고, 비교적 간단해서 적극적으로 클라우드를 활용하는 것이 추세입니다.

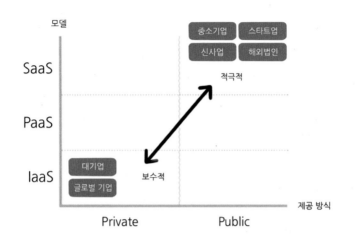

▲ 기업들의 클라우드 도입 경향

　표로 정리해 보면 적극적인 클라우드 서비스 수용은 사스(SaaS)와 퍼블릭(Public)의 조합이고, 스타트업을 필두로 중소기업과 대기업의 해외법인이나 신사업이 속해 있습니다. 반면 보안이 중요하고 이미 정보 시스템에 많은 투자가 되어 있는 글로벌 기업과 대기업은 이아스(IaaS)와 프라이빗(Private) 조합을 선호하고 있습니다. 아직은 보수적이지만, 많은 기업들이 '클라우드 퍼스트'를 외치면서 적극적으로 클라우드 서비스 수용쪽으로 변하고 있습니다.

디지털 전환 인사이트 – 일정한 온도를 판매한다!

예나 지금이나 에어컨은 우리에게 비싼 물질이었습니다. 정확하게 말하면 에어컨은 실내기와 실외기로 이루어진 패키지 제품이죠. 그런데 우리가 에어컨에서 궁극적으로 얻고자 하는 가치는 무엇일까요? 적어도 실외기는 아닐 겁니다. 실내기가 세련된 디자인의 신제품이면 자부심을 높여주기도 합니다.

관점을 좀 바꿔서, 어느 날 갑자기 꿈에 그리던 건물주가 되었습니다. 시스템 에어컨을 설치할 경우 주요 관심사는 뭘까요? 적정한 온도와 전기요금뿐입니다. 일본에 '다이킨(Daikin)'이라는 회사가 있습니다. 한국에서는 잘 알지 못하지만 에어컨 업계에서는 최고의 기술력을 가지고 있는 회사입니다. '시스템 에어컨'이라는 개념도 이 회사가 만들었죠. 다이킨이 최근에 제품이 아닌 서비스를 판매하기 시작했습니다. 실외기와 실내기를 조합한 실물 제품을 파는게 아니라 건물주와 다음과 같은 계약을 맺는 거죠.

'다이킨이 이 건물을 전기요금 포함 월 얼마의 사용료를 받고, 실내의 온도를 22도에서 25도 사이로 유지한다.'

지금까지 살펴본 클라우드가 정보 시스템 분야에서 유사한 변화를 만들어가고 있습니다. 정보 시스템을 사용하는 고객의 주요한 관심사는 무엇일까요? 이쁘고 럭셔리한 HP 서버일까요? 아니면 눈에 보이지도 않는 오라클 데이터베이스의 데이터 처리 능력일까요?

고객의 입장에서는 IT 기술을 이용해 업무 처리를 빠르고 정확하게 실행할 수 있다면, 나머지는 알아서 하고 합당한 사용료를 받아가라고 할 겁니다. 이것을 가능하게 하고 현실화하고 있는 것이 앞에서 살펴본 사스(SaaS; Software as a Service)입니다.

3 | 빅데이터 | 인공지능에게 먹이를 제공하다 |

처리하기 힘든 데이터 더미

'빅뱅(Big Bang)'은 인류 역사상 가장 성공적으로 자리 잡은 용어라고 할 수 있습니다. 그런데 빅뱅이 조롱에서 만들어졌다는 사실을 아나요? 빅뱅이론은 미국의 물리학자 '조지 가모브(George Gamow)'가 1948년 처음 제안한 이론입니다. 하지만 당시 과학자들은 우주가 처음부터 지금까지 변함없다는 '정상우주론'을 믿었습니다. 그래서 우주가 어느 한 시점에 대폭발을 일으켜서 탄생했다는 것을 믿지 못했죠. 이들 중 가장 대표적인 과학자는 영국의 천문학자 프레드 호일(Fred

Hoyle)이었습니다. 대중적으로 꽤 유명한 사람이었는데, 어느 날 BBC 방송에 출연해 가모브의 이론을 이렇게 비웃습니다.

"어느 날 갑자기 우주가 '펑(Bang)!' 하고 만들어졌다는 말이냐!"

이때부터 가모브의 새로운 주장은 '빅뱅이론'이 됩니다.

'빅데이터'라는 용어를 보면 '빅뱅이론'이 생각납니다. 어쩐지 치밀한 기획에 의한 만들어진 용어 같지 않습니다. 다음은 가장 많이 사용되는 빅데이터의 정의입니다.

'빅데이터는 기존의 관리 방법이나 분석 체계로는 처리하기 어려운 엄청난 양의 데이터'

참으로 애매모호한 정의입니다. 정의에 따르면 빅데이터를 처리할 새로운 방법이 나오면 빅데이터는 더 이상 빅데이터가 아닌 게 되겠네요. 그래서 좀 더 구체적인 정의를 찾아보았습니다.

정의한 곳	설명
맥킨지 (McKinsey)	일반적 데이터베이스 소프트웨어가 저장 및 관리, 분석할 수 있는 범위를 초과하는 규모의 데이터
가트너 (Gartner)	• 향상된 통찰(Insight)과 더 나은 의사 결정을 위해 사용되며, 비용 효율이 높고 혁신적임 • '대용량', '고속', '다양성'이라는 세 가지 특성을 가짐
한국정보진흥원	• 데이터의 규모와 기술 측면에서 출발했으나, 빅데이터의 가치와 활용 측면으로 의미가 확대되는 추세에 있음 • 빅데이터는 고객 정보와 같은 정형화된 자산 내부 정보뿐만 아니라 외부 데이터, 비정형, 소셜, 실시간 데이터 등으로 복합적으로 구성됨

이렇게 정의한 곳은 모두 저명한 기관인데, 정의를 읽고 나서 다시 보게 되었습니다. 그래서 어쩔 수 없이 원래의 정의로 되돌아가야 할 것 같습니다.

'기존의 관리 방법이나 분석 체계로는 처리하기 어려운 엄청난 양의 데이터'가 왜 만들어지게 되었을까요? 무언가가 엄청나게 쌓이는 원인은 두 가지입니다. 어딘가로부터 감당이 안 되는 속도로 쏟아져 들어오거나, 여러 곳에서 다양한 것들이 한꺼번에 들어오면 쌓일 것입니다.

첫 번째는 최근에 다들 경험했습니다. 코로나가 한창일 때 인터넷 쇼핑몰에서 분노의 클릭질을 자주 했지요? 데이터의 생성 속도가 빠른 겁니다.

두 번째는 처리해야 할 대상이 과거와 달리 다양해졌기 때문입니다. 20년 전만 해도 컴퓨터는 집 안에서 자가용 바로 다음 서열이어서 아무 데이터나 입력할 수 없었습니다. 갈고 닦아 의심의 여지가 없는 숫자 같은 정형 데이터만 넣었습니다. 하지만 지금은 어떤가요? 온갖 언어와 길이의 텍스트, 이미지, 동영상처럼 바로 이해하기 힘든 비정형의 데이터가 컴퓨터로 사정없이 들어옵니다. 그래서 밀려드는 데이터를 다 받고 보니 엄청난 양이 되었고, 말 그대로 '빅데이터'가 된 것이죠.

이상의 내용을 정리하면 빅데이터는 세 가지 특징을 가지고 있습니다. 즉 다양한 유형의 데이터가 빠른 속도로 생성되고 이동하면 데이터의 양이 감당하기 힘들 정도로 늘어나서 빅데이터가 된다는 겁니다. 이러한 세 가지 특징을 영어로 표현하면 'Volume', 'Velocity', 'Variety'가 되는데, 앞글자만 따서 '3V'라고 합니다.

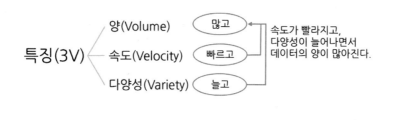

빅데이터의 세 가지 특징을 이용해 우리만의 정의를 한 번 내려보겠습니다.

'빅데이터는 다양한 유형의 데이터가 빠른 속도로 유입되어 대규모로 쌓여 있는 것'

처음 이런 현상이 벌어졌을 때 일반적인 방식으로는 저장 및 관리, 분석할 수 없었던 것입니다. 그 범위를 초과하는 규모의 데이터 더미

였으니까요. 그래서 골치 아픈 데이터 더미를 처리하고 보관할 특별한 방법이 필요했고, 그 고민의 결과가 클라우드와 인공지능인 겁니다. 이 세 가지 기술은 서로 절대 뗄 수 없는 세 쌍둥이 같습니다.

빅데이터의 세 가지 특성 중에서 양(Volume)은 더 이상 언급할 것이 없죠. 두 번째 특성인 속도(Velocity)는 새로운 데이터가 생성되고 이동되는 속도와 연관이 있습니다. SNS, 유튜브, 메신저 등이 소통의 주요 수단이 되면서 실시간으로 엄청난 양의 데이터가 만들어지고 또 이동되어야 하죠. 그것도 대화만 있는 것이 아니라 사진과 동영상, 음성, 다양한 양식의 문서 파일, 해시태그(#) 등과 같이 세 번째 특징인 다양성(Variety)까지 겸비하고 있죠. 속도는 직관적으로 이해가 되니 마지막 특징인 데이터의 다양성을 좀 더 자세히 살펴보겠습니다.

인터넷 붐이 일어나기 전, 그러니까 추억의 싸이월드('도토리'로 국민 모두를 열광시켰던 서비스로, 페이스북을 앞서감)와 아이러브스쿨(인터넷에서 학교 동문을 찾아주는 사이트) 같은 서비스가 유행하기 전에 소중한 컴퓨터에 들어가는 데이터의 양이 많아 무언가 특별한 처리를 해야 하는 경우는 회사에서 사용하는 시스템에 사람이 직접 입력하는 것이 전부였습니다. 따라서 데이터가 만들어지는 원천(소스)을 굳이 정의할 필요가 없었죠. 그런데 인터넷 붐과 SNS 붐이 잇달아 발생하면서 사람이 만드는 데이터는 두 가지로 나눠집니다. 원래 있던 회사 데이터와 개인 활동을 통해 인터넷, SNS, E-mail을 통해 제한 없이 마구 생산되는 텍스트, 사진, 동영상, 음성, 해시태그까지 말입니다.

인터넷 주소 체계를 IPv4에서 IPv6로 확장하면서 이러한 현상이 2011년 초에 다시 한 번 폭발합니다. 쉽게 말해서 자릿수의 한계가 있어 소중한 컴퓨터에게만 주던, 그래서 대체로 한 집에 하나씩 가졌던 IP 주소를 온갖 기계를 넘어 손톱만한 센서에까지 주게 된 거죠. 자동차 번호판 체계도 유사하죠. 과거 자동차가 많이 없을 때 만들어진 체계로는 도저히 새로 등록되는 자동차를 감당할 수 없게 되자, 자동차 번호 체계도 여러 번 바뀌었죠.

▲ 자동차 번호 체계의 변화

IP 체계도 근본적으로는 동일한 매커니즘입니다. IPv4 체계일 때 최대로 만들 수 있는 IP 개수는 약 42억 개 정도입니다. 이 체계를 만들던 시점에는 이것만 해도 인류가 멸망할 때까지 충분할 것이라고 생각했겠죠. 초창기에 누군가가 "전 인류에게 필요한 컴퓨터는 최대 4대 정도이다."라고 말했거든요.

그게 한계에 도달한 겁니다. IPv4 체계는 주소를 만들 공간으로 32비트를 사용합니다. 이에 비해 IPv6 체계는 128비트를 제공합니다. 거의 무한대로 주소를 만들 수 있게 되면서 센서 하나하나까지 주소를 받을 수 있게 된 겁니다.

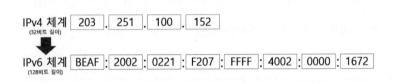

이후 기계와 센서에서 외계어 같은 데이터가 사정없이 쏟아져 나오기 시작한 거죠. 기계에서 나오는 데이터는 다시 두 가지로 나눌 수 있습니다. 먼저 사람과 기계 간의 소통에 의해 나오는 것이죠. 스마트폰에 달린 여러 개의 센서들이 만들어내는 데이터를 생각하면 됩니다. 또한 요즘에는 백화점이나 매장에 들어가도 수많은 카메라와 센서가 나의 움직임을 기록하고 분석하죠.

두 번째는 기계와 기계 간의 완전한 소통입니다. 디지털 홈이 좋은 예가 되겠네요. 집 안의 모든 가전제품을 인공지능 스피커가 집사처럼 제어한다면 인공지능 스피커와 각 가전제품 사이에 어떤 형태든지 데이터를 주고받아야 합니다. 이제까지의 설명을 정리해 보면 그림과 같습니다.

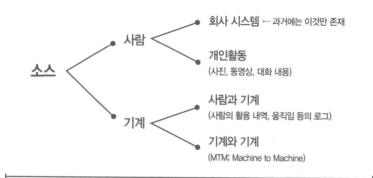

여자의 일생보다 궁금한 데이터의 일생

"데이터는 21세기의 원유이다. 그리고 분석은 그것을 연소하는 엔진
이다."

| 피터 선더가드, 가트너 수석부회장) |

세상에서 처음으로 데이터를 원유(전혀 가공되지 않은 석유)에 비유한 사
람이 누구인지는 모르겠지만, 원유와 데이터의 비유를 처음 들었을
때 받았던 느낌은 아직도 생생합니다. 아마 20년은 지난 것 같습니
다. '별 소리를 다한다'라고 생각했지만 무언지 모를 강렬함이 있었습
니다. 20년이 지나 이 책을 준비하면서 겨우 그 의미를 다시 생각해
보았습니다. 그리고 깨달았죠. 절묘한 비유라는 것을요.

원유와 데이터는 오래 전부터 존재했고 활용되어 왔습니다. 원유는 기원전 2,000년 즈음에 이미 땅 위로 올라온 석유를 윤활유나 약으로 사용했다고 합니다. 데이터도 최소한 인류가 문자를 발명한 순간부터 있었죠. 하지만 두 가지 모두 절대적으로 양이 적었고 활용도가 낮았습니다. 15세기까지도 원유는 램프를 밝히는 고래기름 대용 물질 정도로만 생각되었습니다. 19세기에 들어서야 비셀(Bissell)이 원유의 가치에 주목했고, 이때부터 원유가 대량으로 시추되기 시작합니다. 시간이 지나면서 더 많은 원유가 땅과 바다에서 뽑아 올려졌고 사용처도 다양해졌습니다. 처음에는 조명용인 등유(조명용이어서 등을 뜻하는 '등'자가 쓰임)로만 사용하다가 정제 기술을 발전시켜서 휘발유, 경유, 중유도 만들어냅니다. 항공기가 등장하면서 항공유도 생겼고, 석유화학 제품인 나프타('산업의 쌀'로 부르며, 휴대폰 케이스, 타이어 등 다양한 석유화학제품의 원료)도 뽑아냅니다. 데이터도 유사한 길을 밟아왔죠. 점토판에 추수결과를 새기면서 데이터가 나타났죠. 당시에는 단순한 기록이었지만, 그것이 쌓이고 많아지면서 역사가 되었습니다. 그리고 데이터를 넘어 빅데이터가 된 지금은 데이터가 야식이기도 하고, 택배도 되었다가 돈이 되기도 합니다.

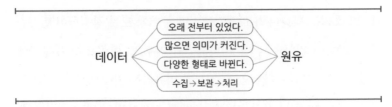

▲ 데이터와 원유의 공통점

두 가지 모두 오래 전부터 존재해 왔지만, 소량만 있을 때는 사용처가 불분명했습니다. 원유는 대량으로 시추되기 시작했을 때 정제되어 다양한 형태로 변신할 수 있었고, 데이터도 빅데이터가 되고서야 큰 의미를 가질 수 있었습니다.

공통점 중에서도 가장 중요한 것은 데이터와 원유가 '수집', '보관', '처리'의 세 가지 과정을 거친다는 겁니다. 먼저 원유가 다양한 석유제품이 되는 과정을 살펴볼까요?

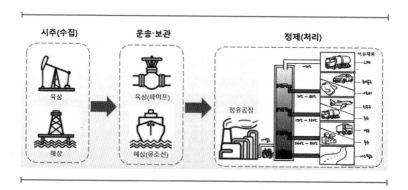

▲ 원유에서 석유제품이 만들어지기까지

원유가 있을 만한 곳을 탐사해서 그곳이 육상인지, 해상인지에 따라 다양한 방식으로 수집에 해당하는 시추를 할 겁니다. 시추된 원유는 육상에서는 파이프로, 해상에서는 유조선을 통해 운송하고, 정유공장의 근처에 보관합니다. 정유 공장으로 옮겨서 가열하면 온도에 따라 LPG 가스부터 중유까지 순차적으로 처리되어 나오고 마지막에 찌꺼기로 아스팔트가 남게 됩니다.

데이터도 이와 유사한 과정을 거칩니다. 원유가 사막, 바다 등 곳
곳에서 시추되듯이 빅데이터도 컴퓨터를 통한 입력뿐만 아니라 다양
한 센서로 대표되는 사물인터넷(IoT, IoE)이나 모바일기기 등을 통해 수
집됩니다. 이와 같이 여러 곳에서 다양한 유형의 데이터가 흘러 들어
오기 때문에 이것을 호수에 비유해 '데이터 레이크(Data Lake)'라고 합
니다. 정제되지 않은 비정형의 데이터가 한꺼번에 뭉텅이로, 때로는
실시간(스트리밍)으로 흘러 들어오기 때문에 데이터 레이크에는 전혀
가공되지 않은 원시 데이터가 저장됩니다.

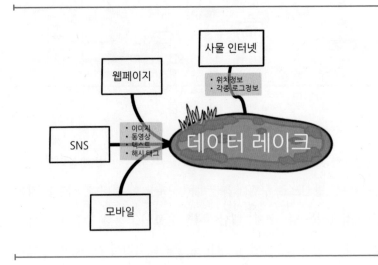

▲ 데이터 레이크

빅데이터를 쓰레기 더미가 아닌 보물창고로 만드는 것은 마지막에 있는 처리 단계에서 이루어집니다. 데이터 레이크에는 전혀 가공되지 않은 원시 데이터가 모여 있는데, 여기에 스토리를 입히고 예쁜 통에 담으면 에비앙 같은 명품 생수가 될 수도 있습니다. 그러기 위해서는 데이터의 정제와 가공 과정이 필요합니다. 하지만 데이터 레이크에서는 가공할 수 없기 때문에 정보 이용자가 필요한 시점에 적절한 정보를 제공하기 위해 사전 작업을 할 곳이 필요한데, 이것을 '데이터 마트'라고 합니다. 데이터 마트에 분석용으로 추출된 데이터를 각종 시각화 도구를 이용해 다시 가공한 후 정보 이용자에게 제공하는 것이 최종 단계입니다. 바로 이 단계가 쓰레기 더미에서 '통찰'이라는 보물을 찾게 되는 순간이죠.

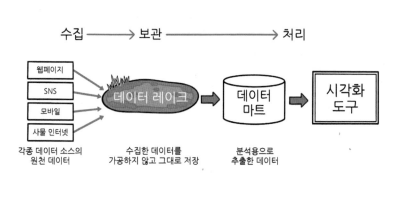

수집 ⟶ 보관 ⟶ 처리

웹페이지
SNS
모바일
사물 인터넷

데이터 레이크

데이터 마트

시각화 도구

각종 데이터 소스의
원천 데이터

수집한 데이터를
가공하지 않고 그대로 저장

분석용으로
추출한 데이터

▲ 빅데이터의 수집에서 처리까지

그런데 이 과정이 말처럼 순탄하지 않습니다. 빅데이터의 취급이 어려운 이유는 데이터 처리에 수고와 시간이 많이 걸리기 때문입니다. 데이터가 세상에서 제일 큰 호수만큼 있어도 분석하지 못하면 의미가 없고, 분석을 잘 했어도 시간을 너무 많이 소비해 한참 뒤에 결과를 알 수 있다면 무용지물입니다. 데이터 레이크에서 데이터 마트 사이에는 빅데이터를 통해 어떤 통찰을 얻을 것인지에 대한 고민과 그에 따른 데이터 추출 방법이 고려되어야 합니다. 그것도 빠르게 해야 하죠. 과거에 수많은 기업 시스템에서는 이런 작업이 밤에 이루어졌습니다. 낮에 쌓인 거래 정보를 밤새 배치 작업을 통해 데이터 마트에 가공해서 넘겼죠. 하지만 빅데이터는 이런 방식으로는 제 시간에 처리가 불가능합니다. 그래서 클라우드에서 살펴보았던 분산 처리와 인메모리 기술뿐만 아니라 최근 각광받고 있는 AI(인공지능) 기반의 RPA(로봇 처리 자동화) 등이 활용됩니다.

누구나 볼 수 있지만 누구도 그 뜻을 모르는 것

데이터의 여러 원천에서 흘러 들어온 데이터를 데이터 레이크에 모아 빅데이터를 만들고, 분석하려는 방향에 따라 데이터 마트를 구성한 후 시각화하는 과정을 설명했습니다. 전체 데이터 처리 프로세스에서 가장 중요한 부분은 처리 부분입니다. 169쪽 그림에서 데이터 마트를 구성하고 시각화하는 부분이지요.

데이터를 저장하고 관리하는 데도 돈이 들어갑니다. 만약 쓸모가 없다면 비용을 계속 감당할 필요가 없겠죠. 비용 이상의 가치를 만들어내야 하는데, 사실 가치는 데이터를 무작정 많이 쌓았다고 생기는 것이 아니라 그 데이터로 무엇을 할 수 있느냐에 달려 있습니다. 중요한 것은 데이터의 양이 아니라 방대하고 복잡한 데이터를 분석하는 능력이죠.

앨런 튜링(Alan Turing)은 '컴퓨터'라는 존재를 세상에 처음 내놓은 사람입니다. 이 사람의 삶을 다룬 영화 '이미테이션 게임(The Imitation Game)'에서 절친인 크리스토퍼와 튜링이 나눈 대화를 보면 분석하지 않은 빅데이터가 어떤 의미인지 바로 알 수 있습니다.

튜링: "뭐 읽어?"

크리스토퍼: "암호 작성술에 대한 거야."

튜링: "비밀 메시지 같은 거야?"

크리스토퍼: "비밀은 아니야. 그게 멋진 부분이지. 누구나 볼 수 있지만, 누구도 그게 무슨 뜻인지 모르지. 열쇠가 없는 이상은."

튜링: "그게 대화하는 거랑 뭐가 다른데?"

크리스토퍼: "대화?"

튜링: "사람들이 서로 대화할 때면 자기가 말하고자 하는 뜻은 절대 말하지 않잖아. 말하는 사람은 원래 뜻과는 다른 걸 말하고, 듣는 사람은 무슨 말을 하고 싶은 건지 알아내야 하잖아."

분석되지 않은 빅데이터를 크리스토퍼가 정확하게 정의하고 있습니다.

'누구나 볼 수 있지만, 누구도 그게 무슨 뜻인지 모르는 것'

튜링의 말에서도 꼭 짚고 넘어가야 할 부분이 있습니다. 사람들이 대화할 때 자기의 본래 의도를 다르게 이야기한다는 거죠. SNS에서 쏟아져 나오는 대화와 메시지의 성격을 정확히 짚었습니다. 그것을 분석해서 그들이 무슨 말을 하고 싶은 건지 알아내야 하는 거죠.

데이터라는 바다에 아무 계획 없이 낚시를 나갔습니다. 어디가 고기가 많이 잡히는 포인트인지, 어디에 비싼 물고기가 있는지 전혀 알 수 없어요. 당연한 결과로 돌아올 때 어망이 비어 있는 경우가 많겠죠. 어쩌다 대물을 낚을 수도 있을 겁니다. 그렇지만 그건 몇 년 만에 한 번 있을까 말까 하는 요행입니다. 그런데 어떤 기술의 도움을 받아 바닷속을 상세히 볼 수 있다면 어떨까요? 무작정 한 마리라도 잡으면 좋겠다는 생각은 하지 않을 겁니다. 비싼 어종을 어디서 낚을 수 있을지 먼저 찾을 겁니다. 그리고 그 어종이 좋아하는 미끼를 준비할 것이고, 거기에 맞는 낚시 도구를 챙길 겁니다.

빅데이터는 '분석'이라는 과정을 거쳐야만 가치를 가집니다. 마치 원유가 정제 과정을 거쳐 휘발유, 경유, 중유, 나프타로 전환되어야 진정한 가치를 가지는 것처럼 말입니다.

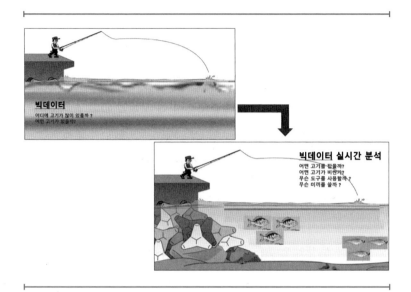

▲ 빅데이터 실시간 분석이 가지는 의미

　텍스트, 음성, 이미지와 동영상은 대표적인 빅데이터 분석 대상인데, 이 중에서 텍스트 분석과 이미지 및 동영상 분석에 대해서만 간단하게 알아보겠습니다. 텍스트 분석에는 텍스트 군집화(Clustering), 개념 추출(Concept Extraction), 감정 분석(Sentiment Analysis), 문서 요약(Document Summarization) 등이 있습니다. 여기서 텍스트 군집화는 대량의 텍스트를 의미 있는 주제나 카테고리로 자동으로 모이게 하여 정보를 빠르게 검색해서 가져오거나 필터링할 수 있게 해 줍니다. 만약 '이민'이라고 검색한 결과에서 '비자', '입국 허가증', '시민권' 등 또 다른 키워드를 검색하면 원하는 결과를 좀 더 빠르게 찾도록 도와줍니다.

개념 추출은 언어의 모호함과 사용된 맥락에 따른 뜻을 인식하여 검색의 오류를 줄이고 이에 따른 시간과 인력을 절약합니다. 그리고 단순한 키워드 검색 수준을 넘어 맥락에 따른 검색이 가능해집니다. 반면 감정 분석은 텍스트에서 주관적인 견해나 감정을 추출합니다. 기본 목적은 텍스트 데이터를 '긍정', '부정', '중립'으로 분류하는 것입니다. 페이스북이나 인스타그램, 수많은 웹 사이트에 산재한 텍스트에서 긍정적이거나 부정적인 반응을 분석할 때 사용합니다. 문서 요약은 '추출'과 '추상'의 두 가지로 나뉘어지는데, 추출은 원본 텍스트에서 단어나 문장의 일부를 선택하여 요약하는 것이고, 추상은 인간과 비슷하게 문서를 추상적으로 요약합니다. 최근 인터넷 기사 중 왼쪽 위에 '요약봇이 작성'이라고 표기된 기사가 가끔 보이는데, 문서 요약을 사용한 것이죠.

동영상 분석 기술도 실질적으로 사용되고 있죠. 그중에서 행동 분석 기술은 테러 방지에 적극적으로 활용되고 있습니다. 2013년 4월 15일 오후 2시 50분에 보스턴 마라톤 폭발사건이 발생했습니다. 따라서 마라톤 경로에 있던 수많은 감시카메라의 영상을 단시간에 분석해야만 했죠. 며칠 동안 근처를 배회하거나 가방을 쓰레기통 속에 넣는 등 수상하게 움직이는 사람들을 일일이 찾으려면 수많은 인력이 많은 시간을 들여야 했겠지요.

지금까지의 설명으로 짐작했겠지만, 대부분의 빅데이터 분석 방법은 인공지능과 깊은 연관이 있습니다. 어떤 관점으로, 어떻게 분석할지 정하는 것은 빅데이터의 영역에 가깝지만 분석을 위해 보이지도 않는 규칙을 찾고, 빠르면서 효율적으로 실행하는 것은 인공지능의 힘을 빌려야 합니다. 앞에서 여러 번 설명했듯이 인공지능이 머신러닝, 그중에서도 딥러닝으로 화려하게 무대에 서려면 학습과 테스트를 위해 빅데이터가 필요했습니다. 하지만 반대로 빅데이터가 의미 있게 만드는 것에는 인공지능이 중요한 역할을 하고 있죠. 그래서 빅데이터와 인공지능은 불가분의 관계이고, 두 가지 사이의 선순환 고리를 잘 만드는 기업만 살아남게 되는 것입니다.

워싱턴대학교의 컴퓨터과학 및 공학 교수인 페드로 도밍고스(Pedro Domingos)는 인공지능 분야에서 바이블에 속하는 〈마스터 알고리즘 (The Master Algorithm)〉이라는 책에서 이렇게 말합니다.

"미래는 최대의 데이터(빅데이터)와 최선의 알고리즘(인공지능, AI)을 보유한 기업이 승리한다. 이로써 새로운 종류의 순환고리가 생긴다. 가장 많은 고객을 보유한 회사가 가장 많은 데이터를 수집하고, 그 데이터를 활용해서 가장 좋은 모형을 학습하며, 가장 많은 신규 고객을 얻게 될 것이다. 그리고 이러한 선순환이 계속 이어질 것이다."

디지털 전환 인사이트 – 전투기의 총알 자국

제2차 세계대전이 한창일 무렵 연합국에 고민이 있었습니다. 격추되는 전투기가 계속 늘어나서 전투기의 어떤 부분을 보강해야 하느냐가 가장 큰 관심이었습니다. 격추에 크게 영향을 미치는 부분에 철판을 덧붙여 보강하기로 결정했지만, 너무 많은 철판을 붙이면 전투기가 무거워져서 연료 소모가 커진다는 딜레마가 생겼습니다.

높은 관리자들은 일단 데이터를 가져오라고 합니다. 그리고 대대적인 조사가 이뤄집니다. 귀환한 전투기에 난 총알 구멍을 전수 조사하고 결과를 보니 그림과 같은 결과가 나옵니다. 결론은 쉽게 나왔죠. 총알 구멍이 많은 곳이 집중 공격을 당하는 곳이니 그쪽을 보강해라.

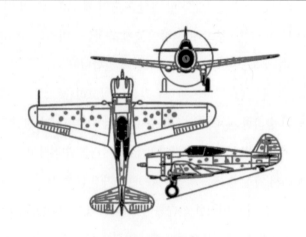

▲ 전투기에 표시된 총알 자국

그런데 그때 한 사람이 반론을 제기합니다.

"총알 자국이 하나도 없는 엔진 부위를 보강해야 한다."

왜 그랬을까요? 귀환한 전투기 중 엔진에 총알을 맞은 것이 하나도 없다는 것은, 결국 엔진에 총알을 맞으면 무조건 격추되었다는 것이죠. 그래서 가장 치명적인 부위는 엔진이라는 결론을 낸 것입니다.

데이터를 어떻게 해석하느냐에 따라 상반된 결과가 나오는 경우가 있습니다. 이것이 바로 빅데이터의 분석 관점이 중요한 이유입니다. 만약 총알 자국의 숫자를 맹목적으로 집계하고 분석했다면, 엄청 빠른 시간에 날개 부위 중 가장 총알 자국이 많은 곳을 보완했을 겁니다. 총알 자국 '0'을 다르게 해석할 수 있는 통찰력이 빅데이터의 분석에서 중요한 이유입니다.

4 | 인공지능 | 디지털 전환은 완료형을 향하다 |

튜링 테스트와 인공지능

상대가 절대 보이지 않는 벽을 사이에 두고 대화를 합니다. 가벼운 인사로 시작해서 안부도 묻고, 코로나도 같이 걱정했습니다. 결혼생활에 대한 고민도 털어놨는데 그냥 살라고 합니다. 눈물까지 찔끔 흘리고 고맙다고 포옹이나 한 번 하려고 옆방으로 갔더니 웬 사각형 기계가 앉아 있네요.

▲ 튜링 테스트

역사적인 사건이 일어난 겁니다. 방금 사각형 기계는 '튜링 테스트'를 완벽히 통과했고 인공지능으로서 최고 등급 자격을 얻게 되었습니다.

튜링 테스트◆는 '인공지능' 개념을 최초로 생각해 낸 앨런 튜링(Alan

◆ 튜링 테스트(Turing Test): '이미테이션 게임'이라고도 합니다. 영국의 천재 수학자 앨런 튜링이 고안하여 '튜링 테스트'라고 부르며, 방법은 다음과 같습니다. 판별자인 인간 C가 기계 A가 하는 답변과 인간 B가 하는 답변을 구별하지 못한다면, 기계 A는 인간의 지능을 가지고 있다는 것으로, 기계가 지능을 가지고 있는지의 여부를 판단하는 방법으로 여전히 사용되고 있습니다.

Turing)이 고안한 테스트죠. 이 테스트를 이야기할 때는 금방 인공지능이 완성될 줄 알았답니다. 그런데 생각보다 오래 걸렸죠. 아니 오래 걸리고 있죠. 아직 인공지능은 완벽하지 않으니까요. 물론 이 말도 좀 애매합니다. 지능이 무엇인지도 모르는데 뭐가 완벽한 인공지능인지 어떻게 판단할까요? 이랬다저랬다 뭐라는 건지 헷갈리는데, 그게 바로 지금 인공지능이 놓인 상태입니다. 조금 무리가 있더라도 그것을 최대한 간단하게 정리해 보겠습니다.

인공지능은 비교적 오래된 고전입니다. 우리 상상과 다르게 1950년 즈음부터 발달한 학문이니까요. 공자님 말씀을 정리한 논어의 원래 내용은 A4용지 10여 장을 넘지 않지만, 논어를 연구하고 해석한 책은 그 수를 헤아리기 힘들 만큼 많습니다.

인공지능도 이와 유사합니다. 70년 가까운 기간 동안 수없이 많이 모색했고 그에 따른 시행착오를 거치면서 지금에 이르렀습니다. 그러다 보니 정신 없을 정도로 많은 변종과 사이비가 생겼죠. 광고를 보면 전자제품은 '인공지능'이라는 키워드가 들어 있지 않은 제품을 찾는 게 빠를 정도이고, 온라인 세상에서는 인공지능이 거의 주인이죠. 인공지능은 우리가 보게 될 광고를 결정하고, 영상을 추천하며, 악성 웹 사이트를 감지합니다. 그뿐만 아니라 기업들은 인공지능을 활용한 이력서 검토기로 면접 볼 지원자를 선별하고, 은행에서는 대출 승인 여부도 계장 대신 인공지능이 결정하고 있습니다. 지난 번 대출을

탈락시킨 녀석은 사람이 아니에요. 자동차에도 '자율주행'이라는 이름으로 파고 들고 있고, 여러분의 스마트폰 안에서도 작동 중이죠. 음성 명령을 인식하고, 사진에 있는 얼굴에 자동으로 태그를 달며, 영상 필터를 이용해 우리가 근사한 토끼 귀를 가진 것처럼 보이게도 만들죠. 그런데 이상하게 인공지능에 대한 정의는 너무 모호합니다. 그나마 가장 일반적인 정의는 '인공지능'이라는 말을 그대로 풀이한,

'인공적으로 만들어진 지능'

입니다. 조금 허무하죠. 더 허무한 정의도 있습니다.

'지능의 정의가 명확하지 않으므로 인공지능을 정의할 수 없음'

저는 이 정의가 솔직해 보여서 좋습니다. 정의에서 시작하면 독자들을 더 혼란스럽게 만들 것 같아 결과에서 시작해 보겠습니다. 기계가 인간이 하는 물리적인 활동을 돕거나 대체했다면, 인공지능은 그것을 지적인 영역까지 확대하는 것이죠. 어떤 일까지 대체할 것이고, 그것이 어떤 결과와 부작용을 불러올지는 이 책에서 깊게 다루지는 않겠습니다.

안 배우는 자와 배우는 자

튜링 테스트로 돌아가보죠. 이 테스트를 통과하기 위한 기계를 만드는 방법은 누구도 이야기하지 않았습니다. 사람인지, 기계인지, 건넛방에 있는 인간이 구분하지 못하면 되는 것이죠. 그래서 처음에는 모든 상황을 다 고려한 프로그램을 만드는 시도를 했습니다. 처음 5분 정도는 문제가 없었죠. 인사를 하고, 이름을 묻고, 어디 사는지, 무슨 일을 하는지 등등 성공이 눈 앞이었죠. 이혼 문제가 나오기 전까지는 말입니다.

이렇게 상대가 어떤 말을 하면 어떻게 답하겠다는 것을 목록이나 규칙으로 정하고, 컴퓨터가 이해할 수 있는 언어로 프로그래밍해서 컴퓨터가 그대로 실행하게 하는 방식을 '규칙 기반 프로그램' 또는 '절차적 프로그램'이라고 합니다. 규칙 기반 프로그램으로 문제를 해결하려면 과제 완수에 필요한 모든 단계와 각각의 단계를 어떻게 묘사할지를 이미 알고 있어야 하죠. 그런데 여기에 문제가 있었던 겁니다. 이혼 문제는 생각지도 못했을 테니까요. 그런데 이것도 인공지능에 속하냐고요? 네! 속합니다. 인공적으로 만들어졌고, 만약 거의 무한대로 경우의 수를 빠짐없이 고려해서 옆방 사람의 이혼 문제까지 상담하고 새로운 배우자를 소개까지 한다면 '인공지능'의 정의에 어긋남이 없으니까요. 그런데 이런 경지에 오르는 것이 거의 불가능합니다. 여기에는 기본적으로 두 가지 한계가 있습니다.

첫째, 무한대의 경우의 수를 현실적으로 반영할 수 없습니다. 한글로 다 했다고 가정해 봅시다. 그럼 다른 언어는 어떨까요?

둘째, 설사 오늘 기준으로 완벽하게 모든 언어를 반영했어도 미래에 나타날 새로운 단어를 알 수는 없습니다. 사전에 안 올라가는 비속어들은? 생각만 해도 머리가 어지럽죠? 그래서 이 방식은 청소기와 세탁기, 냉장고 친구들의 광고에 적극 활용되다가 서서히 사라졌죠.

그 시절에는 전화번호 열 개만 기억하고 알려주어도 재주 많은 전화기로 칭찬받던 시대였으니까요. 그래서 찾아낸 방법이 사람처럼 스스로 배우게 하는 것이었어요. 마치 아이가 말을 배우듯이 학습을 통해 이해시키는 것이죠. 그러면 문제는 하나만 남습니다. 즉 하나를 가르치면 열을 아는 아이(기계)를 만들면 되는 겁니다. 열을 가르치면 하나도 겨우 기억하는 녀석 말고요.

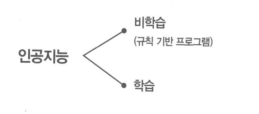

일단 학습으로 방향은 정해졌습니다. 그러면 이제 어떻게 배우게

할 것인지가 문제네요. 인간이 새로운 지식을 얻는 가장 일반적인 방법은 두 가지입니다.

첫째, 일반적인 원리에서 개별적인 사실을 깨닫는 방식
둘째, 개별적 사실에서 일반적 원리를 끌어내는 방식

첫 번째 방식은 '연역법', 두 번째 방식은 '귀납법'이라고 합니다. 예를 들어볼게요. 튜링 테스트 중인 그 사람에게 돌아가보죠. 알고 보니 집에 빨리 들어가기를 무척 싫어하는 40대의 한국 남자였습니다. 그래서 40대 한국 남자는 조기 귀가를 거부하는 본능이 있다는 것을 연역법과 귀납법으로 증명해 보기로 합니다.

'나는 왜 집에 들어가기 싫은가?' — 연역적 증명

모든 40대 한국 남자는 집에 들어가기 싫어한다.
나는 40대 한국 남자다.
그러므로 나는 집에 들어가기 싫어한다.

'나는 왜 집에 들어가기 싫은가?' — 귀납적 증명

김부장(40대)은 집에 들어가기 싫어한다.
박부장(40대)도 집에 들어가기 싫어한다.
윤부장(40대)도 집에 들어가기 싫어한다.

나는 진짜 집에 들어가기 싫어한다.

따라서 40대 한국 남자는 집에 들어가기 싫어한다.

연역적 방법은 '지식 기반 인공지능' 또는 '기호 기반 인공지능'이라고도 부르는 인공지능 구현 방법입니다. 단순히 이야기하면 우리가 아는 모든 지식을 'A는 B다'와 같은 형태의 명제로 만들고, 이 명제들 간의 연역적 추론을 통해 새로운 지식이나 사실을 만들어내는 방식이죠. 앞에서 본 예를 살펴보면 바로 한계가 보일 겁니다. 결국 '모든 40대 한국 남자는 집에 들어가기 싫어한다.'는 명제가 문제이고, 이것이 반드시 사실이라고 할 수 없죠. 세상의 모든 것을 이런 식으로 명제로 만들어야 합니다. 얼마나 많을지 모를 명제를 다 정의해야 하고, 정의한 명제는 증명의 과정을 거쳐야 합니다. 그 전제가 틀리면 인공지능은 잘못된 것을 학습하게 될 테니까요. 매우 복잡하죠? 그래서 이 방법도 거의 포기합니다.

이번에는 주변에 있는 모든 40대 남자에게 물어봅니다. 대답이 한결 같습니다. 그래, 이거 완전한 팩트야! 의심의 여지가 없죠. 그런데 어느 날, 일일 아침드라마에 40대 꽃중년 아저씨가 이 관념을 깨버립니다. 과감하게 귀가를 서두르는 사람이 있는 겁니다. 이건 가상이라고 아무리 외쳐도 소용 없었죠. 여기에 귀납법의 한계가 있습니다.

데이터가 충분하지 않으면 정확한 추론에 실패할 수도 있다는 점이죠. 그래서 이 방법도 깊은 어둠 속에 묻혔습니다. 그런데 디지털 전환의 물결이 온 세상을 뒤덮으면서 이 방법이 살아나게 됩니다. 데이터가 엄청 많아졌거든요. 이것을 '머신러닝' 또는 '기계학습'이라고 합니다. 지식 기반과 달리 컴퓨터에게 명제를 주는 대신, 데이터를 수없이 많이 반복해서 들려주어 컴퓨터가 자연스럽게 단어의 뜻을 인지하고 구분할 수 있게 만드는 것이죠. 이 방법이 제대로 작용하려면 두 가지 요소가 필요합니다. 즉 충분히 많은 데이터와 반복적으로 들려주고 수정하는 아주 빠른 컴퓨터입니다. 이들 두 가지 요소는 빅데이터와 클라우드가 어느 정도 해결해 줍니다.

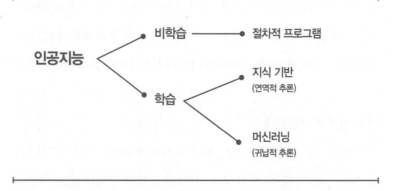

배우려면 깊게 배워야 한다!

머신러닝은 인공지능을 구현하는 방법 중 하나로, 학습을 기반으로 합니다. 그중에서도 데이터 학습 기반이어서 두 가지 조건이 필요합니다. 아주 많은 양질의 데이터, 즉 잘 정리된 빅데이터가 필요하고, 이것을 학습할 수 있는 모델이 필요합니다. 학습할 수 있는 모델도 여러 가지 방법으로 만들 수 있겠지만, 이 부분은 이미 승부가 나버렸습니다. 인간의 뇌가 학습하는 방식을 모방한 인공 신경망이 압도적이기 때문입니다.

인공 신경망이라는 이름에서 인간의 뇌에 신경망이 있다는 것을 유추할 수 있겠죠. 가급적 영어나 전문 용어를 자제하고 있지만, 여기서는 이해를 돕기 위해 좀 사용하겠습니다. 이 신경망을 '뉴럴 네트워크(Neural Network)' 또는 '뉴럴넷'이라고도 합니다. 인공은 인공지능과 같은 Artificial을 씁니다. 그래서 인공지능은 AI(Artificial Intelligence), 인공 신경망은 ANN(Artificial Neural Network)이라고 합니다. 설명을 잘 따라오고 있나요?

신경망은 신경들의 네트워크죠. 그럼 '신경'이라는 것도 있을 겁니다. 아까 영어로 신경망을 무엇이라고 했나요? 바로 뉴럴 네트워크였습니다. 그래서 신경은 뉴런(Neuron)입니다. 아무리 과학을 몰라도 뉴런은 적어도 한 번은 들어보았을 겁니다. 뉴런을 모방해 만든 것이 인공 뉴런이고 이 인공 뉴런 간의 연결이 아티피셜 뉴럴 네트워크, 즉 인공 신경망인 것이죠. 아무래도 빨리 마무리를 해야 할 것 같습니다. 책장 넘어가는 소리가 들리는 듯하네요.

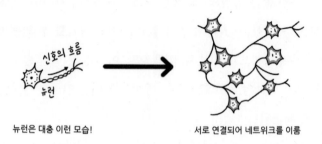

신호의 흐름

뉴런

뉴런은 대충 이런 모습!

서로 연결되어 네트워크를 이룸

▲ 뉴런과 뉴럴 네트워크

　뉴런은 뇌를 이루는 세포입니다. 일반적인 세포와 뉴런의 가장 큰 차이점은 자기들끼리 소통할 수 있는 것입니다. 따라서 뉴런은 다른 뉴런들과 서로 연결되어 있습니다. 한 사람의 뇌에는 보통 860억 개의 뉴런이 있고 뉴런 간의 연결은 100~1,000조 개 정도 됩니다. 대략 계산해 보면 뉴런 하나가 7,000개 정도의 다른 뉴런과 연결되어 소통하고 있는 것이죠. 중요한 것은 이 뉴런들 간의 연결과 통신에 의해서 우리의 기억, 행동, 움직임이 변한다는 것입니다.

　뉴런을 수학적으로 모델링한 것이 인공 뉴런('퍼셉트론'이라고도 부름)인데, 아주 단순한 수학 계산 능력을 가지고 있습니다. 이것이 연결되어 네트워크를 이루면 인공 신경망이 되겠죠. 인공 신경망이 얼마나 강력한지는 이런 셀들이 서로 어떻게 연결되어 있는지에 달렸습니다. 단순하게는 인공 신경망에 층을 추가하면 더 정교한 알고리즘을 얻을 수 있습니다. 층을 하나 추가할 때마다 앞선 층에서 얻은 통찰을 새롭게 결합할 수 있는 방법이 생깁니다. 층을 많이 추가해서 더 많이 복잡한 학습을 가능하게 하는 접근법을 층이 깊다고 해서 '딥러닝(Deep Learning)'이라고 합니다.

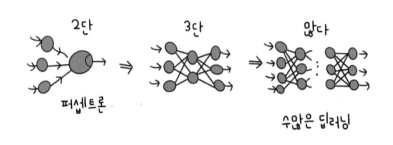

▲ 3단 이상을 층이 깊다는 의미로 딥러닝이라고 함

층의 두께는 상대적입니다. 예전에는 보통 3층을 넘어가면 깊다고 했지만, 요즘 3층은 오히려 얕은 축에 속해서 '섈로 러닝(Shallow Learning)'이라고 합니다. 이세돌 9단과 대결한 알파고는 48층이었고, 2015년 이미지넷 대회◆에서 우승한 모델은 152층이었습니다.

....

◆ 이미지넷 대회: 전 세계 인공지능 기술 경연의 장으로, 영상 데이터 안의 특정 사물을 정확하게 검색하는 기술 평가 대회입니다. 그 동안 구글, 마이크로소프트, 페이스북 등 세계적인 기관들이 참여해 기술을 경쟁해 왔습니다.

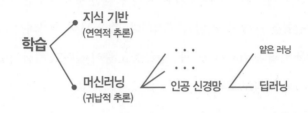

이제까지의 설명을 다시 한 번 정리해 보겠습니다. 학습 기반 인공지능에는 연역적 추론에 기반한 방법과 귀납적 추론에 기반한 방법이 있습니다. 둘 중 승리자는 귀납적 추론 기반이었고 이것을 '머신러닝'이라고 합니다. 머신러닝을 구현하는 방법은 다양하지만, 지금 주류를 이루는 것은 사람의 뇌가 작동하는 방식을 모방한 인공 신경망(ANN; Artificial Neural Network)입니다. 이 중에서 층을 많이 가져가서 복잡한 학습이 가능한 것은 '딥러닝'입니다.

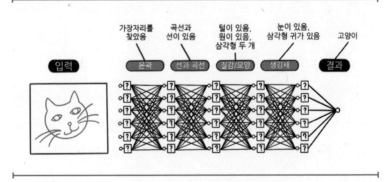

▲ 딥러닝이 고양이를 식별하는 과정

딥러닝을 이용한 고양이 식별 사례를 살펴보겠습니다. 층이 하나 추가될 때마다 앞선 층에서 얻은 통찰을 새롭게 결합해 다음 층에서 좀 더 구체적으로 인식해가는 과정을 보여주고 있습니다. 첫 번째 층에서는 대략의 윤곽을 인식하고 다음 층에서는 곡선과 선이 있음을, 그다음 층에서는 선은 털이고, 곡선은 원이라는 것과 두 개의 삼각형을 더 인지합니다. 그다음 층에서는 이전 층에서 인식한 모양을 바탕으로 대략적인 생김새를 알아차리죠. 그 결과, 고양이를 식별합니다. 층이 깊을수록 디테일해지니 인식률이 높아지는 것입니다.

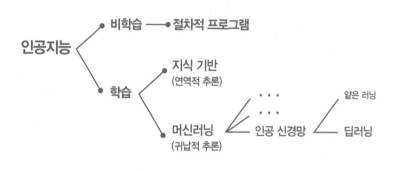

지금까지 숨 가쁘게 달려온 내용을 한꺼번에 표시해 보았는데, 어디서부터가 인공지능인지가 가장 혼란스러울 것입니다. 솔직히 말하면 정의하기 나름이지요. 아직 인공지능은 완성형이 아니니까요. 이 책에서는 인공지능을 이렇게 정의하겠습니다.

'인공적으로 만들어진, 인간과 구분할 수 없는 지능'

이 정의에 따르면 그것이 학습 기반이든 아니든, 명제를 정의하고 연역적으로 추론을 하든, 빅데이터를 활용해 귀납적 추론을 하든 상관없이 인간에 의해 만들어졌고 인간과 구분할 수 없는 지적 능력을 가졌다면 인공지능인 것입니다. 단지 현재 상황이 머신러닝 라인이 우세인 것은 부인할 수 없는 사실이고, 그중에서도 딥러닝이 압도적일 뿐입니다. 마치 높이뛰기에서 배면 뛰기(Fosbury Flop, 뒤로 눕듯이 뛰어 등 쪽으로 뛰어넘는 방법)의 압도적인 퍼포먼스 덕분에 가위 뛰기(Scissors Jump, 정면에서 다리를 가위 모양으로 만들어 뛰어넘는 방법)와 복면 뛰기(Belly Roll Over, 다이 빙하듯 뛰어넘는 방법)가 최고의 기록을 겨루는 국제대회에서 자취를 감춘 것과 같습니다.

가위 뛰기로 올림픽에 참석하는 선수를 볼 수 없지만, 학교 체육시간에는 많은 학생들이 가위 뛰기로 높이뛰기를 배우고 있습니다. 또한 수준이 높지 않은 경기에서는 가위 뛰기로 출전하는 선수를 간혹 만나기도 합니다. 배면 뛰기가 높이뛰기를 주도하고 있지만, 가위 뛰기와 복면 뛰기도 여전히 높이뛰기를 하는 하나의 방법이고, 상황에 따라 활용할 수 있는 기술이라는 것이죠.

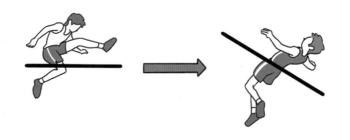

▲ 가위 뛰기와 배면 뛰기

충분히 많은 데이터를 저렴하게 확보할 수 있다면 딥러닝은 항상 이깁니다. 영상, 음성, 텍스트와 관련된 문제도 딥러닝이 월등합니다. 다만 실제 비즈니스 현장에서 자주 만나는 문제는 영상도, 음성도, 텍스트도 아닌 '테이블로 정리된 자료'인 경우가 많습니다. 데이터의 양도 항상 충분하지는 않고, 딥러닝을 돌리기에는 부족할 때가 많습니다. 비싼 전용 장비로 오랜 시간 돌린 딥러닝과 노트북으로 몇 초만에 끝난 딥러닝이 아닌 인공지능의 정확도가 1~2%의 차이인 경우가 많습니다. 사실 그 정도 차이는 수학적으로는 의미가 있지만, 일로 봐서는 거의 의미가 없죠. 게다가 딥러닝이 아닌 인공지능 구현 방식은 실무자들과의 협업에서도 큰 도움이 됩니다.

딥러닝의 경우 입력층과 출력층을 제외한 중간층은 블랙박스처럼 보이지 않는 층이기 때문에 동작 과정을 사람이 이해하거나 재조사하기는 어렵습니다. 그래서 비즈니스 현장에서는 알고리즘이 명확하고, 학습된 후에 모델을 조사하여 지식을 끌어내기가 상대적으로 쉬운 다른 방식이 유리할 때가 종종 있습니다. 이번 '기술편'의 서두에서 설명했던 배관공의 연장이 생각나나요? 도구는 얼마나 정교한 기술이 적용되었고 트렌드를 따르고 있느냐보다 나와 우리 회사가 처한 상황에 잘 맞춰진 것이어야 합니다. 도구는 도구일 뿐입니다. 필요 없는 도구를 비싸게 사서 기가 막히게 잘 사용하는 척해 봐야 문제는 하나도 해결되지 않습니다.

디지털 전환 인사이트 – 머핀과 치와와

수십 년간 수련한 바둑 마스터를 상상도 못한 수로 너무나 쉽게 이기는 딥러닝 기반의 '알파고'에 우리는 충격을 받았습니다. 경외감과 약간의 공포까지 느낀 사람들도 있었을 텐데, 이런 사람들에게 좋은 소식이 있습니다. 엄청난 컴퓨팅 자원을 투입한 세계 최고의 인공지능도 쩔쩔매는 문제가 있습니다. 바로 초콜릿이 박힌 머핀과 치와와를 구분하는 문제입니다.

왜 그럴까요? 대다수 사람들은 사진 속 치와와를 손쉽게 식별하지만, 치와와를 정의하는 '규칙'을 떠올리는 것은 정말로 어려운 문제입니다. 비학습 기반의 절차적 프로그램으로 인공지능을 구현한다면 '치와와는 눈이 두 개, 코가 하나, 귀가 두 개, 꼬리가 하나'라는 규칙을

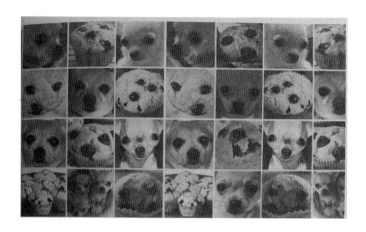

▲ 초콜릿이 박힌 머핀과 치와와의 사진

프로그램으로 작성할 겁니다. 그러면 개의 다른 종류나 고양이도 구별해낼 수 없습니다. 치와와의 '눈'을 감지하는 규칙만 정의하는 것도 결코 쉽지 않은 작업입니다. 그러나 머신러닝, 그중에서도 딥러닝이라면 수만 개의 치와와 이미지를 살펴본 후 치와와를 대체로 정확하게 식별할 수 있는 규칙을 스스로 찾아낼 겁니다. 그럼에도 불구하고 초콜릿 덩어리가 세 개 박힌 머핀과 치와와를 구분하는 것은 딥러닝에게도 쉽지 않습니다.

인공지능에게 고등수학을 풀게 하거나 바둑을 두게 하는 것은 비교적 쉽지만, 한 살짜리 갓난아기의 인지능력과 움직임을 갖게 하기란 거의 불가능에 가깝다고 합니다. 이런 현상을 '모라벡의 역설

(Moravec's Paradox)'이라고 합니다. 그런데 과연 이런 현상이 역설일까요?

인간도 궁극적으로는 하나의 프로그램이라는 말이 있습니다. 만약 그렇다면 우리가 무의식적으로 실행하는 일들은 수억 년간 프로그래밍되고 우리의 DNA에 깊이 학습되어 있는 것이 아닐까요? 반면 계산하거나 고등수학을 푸는 일은 인간도 시작한 지 얼마 되지 않은 기능입니다. 그러니 컴퓨터에게는 쉽고, 아직 충분히 딥러닝이 되지 않은 인간에게는 어려운 것이 아닐까요? 그러므로 수학을 못 한다고 자책하지 마세요. 어쩌면 당신이 학습이 잘 된 뛰어난 인간일 수도 있습니다.

이제까지 디지털 전환의 핵심 기술을 살펴보았습니다. 기술은 하나의 도구일 뿐 목적이 아닙니다. 내가 하는 일을 좀 더 정확하고 효율적으로, 내가 가진 역량을 좀 더 강하고 유연하게 만들 방법을 기술에서 찾고 다듬어 나가는 것이 우리가 기술에 대해 가져야 할 자세입니다. 그 바탕 위에 디지털 전환의 핵심 기술인 'I'm ABC'를 하나씩 알아보았습니다.

　디지털 대소동의 시작은 데이터의 폭발이었지요. 그래서 이것을 처리할 클라우드의 서버 가상화와 분산 처리 기술이 필요했습니다. 두 가지 기술이 합쳐지니

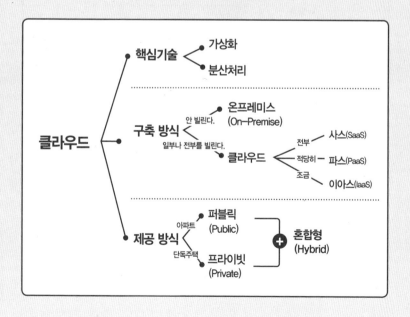

정보 자산을 공동으로 사용하거나 잘라서 쓸 수 있게 되었습니다. 정보 자산을 대여할 수 있는 비즈니스 모델이 가능해진 것입니다. 정보 자산을 빌리는 정도에 따라 하나도 안 빌리고 내 소유인 '온프레미스(On-Premise)'와 조금 빌리는 '이아스(IaaS)', 적당히 빌리는 '파스(PaaS)', 전부 빌리는 '사스(SaaS)'로 나뉘어집니다. 또한 서비스 제공자가 우리 회사를 위한 전용 공간에서 서비스할지, 공용 공간에서 서비스할지에 따라 '프라이빗(Private)'과 '퍼블릭(Public)'으로 나뉘고, 둘을 함께 운영하는 '혼합형(Hybrid)'도 존재합니다.

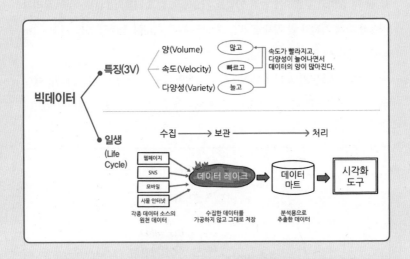

두 번째로 살펴본 기술은 빅데이터였습니다. 사실 빅데이터는 기술이라기보다 데이터가 엄청나게 쌓인 상태를 말하죠. 빅데이터는 세 가지 특징인 3V를 가집니다. 예전에 없던 다양한 형태(다양성, Variety)의 비정형 데이터가 한꺼번에 뭉텅이로, 때로는 스트리밍 형태로 빠르게 생성(속도, Velocity)되면서 데이터는 폭발적으로 증가(양, Volume)합니다. 클라우드 기술이 없었다면 처리하지 못할 수준의 규모였고, '빅데이터'라고 부르게 됩니다. 빅데이터의 생애주기는 수집, 보관, 처리로,

다양한 데이터 소스에서 들어오는 데이터를 분산 처리, 인메모리 등의 기술로 수집한 후 데이터 레이크로 보내 보관합니다. 그리고 필요할 때 데이터 마트에 알맞은 형태로 추출한 후 최종적으로 시각화 도구를 활용하여 가시화합니다. 이 과정에서 인공지능 기술이 중요한 역할을 하는 것입니다.

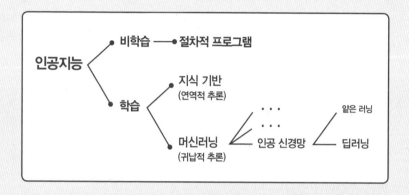

빅데이터가 만들어지면서 비교적 긴 잠을 자고 있던 인공지능이 다시 깨어나게 됩니다. 인공지능을 효율적으로 학습시킬 충분한 데이터를 빅데이터가 제공하면서 귀납적 추론 기반의 머신러닝이 압도적인 성과를 나타냅니다. 특히 인간의 두뇌를 모방한 인공 신경망을 활용한 딥러닝 기술이 독보적인 위치를 차지하게 되죠. 하지만 딥러닝이 아닌 비학습 기반, 지식 기반의 고전 인공지능도 인공지능이고, 상황에 따라 혼합해서 사용하면 매우 효율적일 수 있습니다.

자, 이제 기술편이 끝났습니다.

숨진 애인의 애플 계정은 유산인가?

'상속받을 유산이 많다.'라고 하면 무엇이 생각나나요? 보통은 값비싼 보석이나 집, 부동산 같은 것을 떠올릴 겁니다. 모두 손에 잡히는 실체가 있는 것들이죠. 그런데 2020년 7월, 오스트리아에서 재미있는 판결이 있었습니다.

오스트리아의 한 여성은 지난해 말 숨진 연인의 애플(Apple) 계정에 대한 접근을 허가해 달라는 소송을 제기했습니다. 이에 대해 지방 법원은 애플에 사망자의 계정과 '아이클라우드(iCloud)'에 대한 접근 정보를 상속인인 이 여성에게 제공하라고 판결했습니다. 거창하게 들리지만, 조치는 간단하겠죠. 고인의 사용자 계정과 '아이클라우드'의 비밀번호를 재설정해 주면 끝입니다. 조치는 간단하지만, 이 판결이 가지는 의미는 결코 사소하지 않습니다. 이 판결은 누군가의 정보가 유산이 되는 시대가 되었다는 의미입니다.

처음 이 기사를 접했을 때는 참 이상하다고 생각했습니다. 애플 계정을 유산으로 인정하다니요. 그런데 조금만 생각해 보면 전혀 이상한 일이 아닙니다. 집문서나 돈 같은 재산을 제외하면 그 사람과의 추억이 담긴 사진, 편지, 일기장 같은 것이 유산이 될 것입니다. 이전처럼 사진앨범, 편지, 일기장이 물질의 형태로 있었다면 이것이 유산인지, 아닌지 법정까지 가지 않아도 되었을 테니까요. 애플 계정이 열리면 이와 같은 것들이 들어있을 겁니다. 그만큼 과거에는 물질이었던 것이 정보로 많이 이동해간 시대에 우리는 살고 있습니다.

중국을 최초로 통일한 최고의 권력자였던 진시황도 죽음을 피할 수는 없었습니다. 어렵게 획득한 무소불위의 권력을 죽어서도 유지하고 싶었죠. 그래서 자신의 무덤에 살아있을 때와 똑같은 환경을 만듭니다. 그것도 부족해서 어렵게 양성한 자신의 군대도 그대로 데리고 가고 싶었습니다. 그래서 흙으로 병사와 말을 똑같이 만들었는데, 중국 시안(西安)의 병마용(兵馬俑)이 바로 그것이죠. 만약 지금 진시황이 죽었다면 그는 이렇게 번거로운 일을 하지 않아도 됩니다. 단지 그의 무덤에 스마트폰만 넣어주면 끝이죠. 병마용을 손바닥 안으로 옮길 수 있을 정도로 디지털 전환은 크게 진전되었습니다.

사장님을 위한 한 장의 요약

'디지털 전환'이라는 어마무시한 개념을 한 장에 요약하겠다는 약속 때문에 이 책을 집필하기 시작했습니다. 이제 사장님께 엘리베이터 피치(엘리베이터를 타고 1층에 도착할 때까지 동승해서 설명하는 전설의 경지)를 해 보겠습니다.

디지털 전환은 물질을 정보로 바꾸는 것이고, 기술은 이것을 가속화시킵니다. IoT와 모바일 기술이 폭발시킨 데이터는 '빅데이터'라는 개념을 만들었고, 이를 보관하고 처리하기 위해 클라우드와 인공지능 기술이 활용되었습니다. 디지털 전환은 기업을 중심으로 진행 중이고, 전통 기업은 일하는 방식에서 사업으로 확장되고 있으며, 디지털 기반 기업은 반대의 접근법을 채용하고 있습니다.

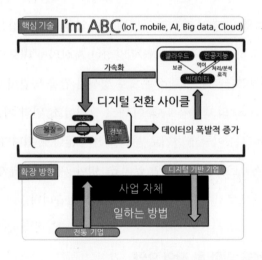

▲ 엘리베이터에서 내리면 보여드릴 그림 한 장

이제 겨우 한 장으로 정리되었고 더 이상 콜로세움 악몽은 꾸지 않을 것 같습니다.

나도 이게 어떻게 될지 모른다

이 책을 쓰면서 인공지능, 빅데이터, 클라우드 등의 신기술에 대해 짧은 시간 동안 수많은 정보를 접하게 되었습니다. 보면 볼수록 이들의 경계와 정체가 애매모호했습니다. 이해가 된 듯하다가 다시 이건 뭐지? 하는 상태가 반복되었습니다. 그때 영화 '소셜 네트워크(The Social Network, 페이스북 창업자인 마크 주커버그에 대한 이야기)'의 한 장면이 떠올랐습니다.

페이스북은 마크가 기숙사 친구들과 하룻밤 사이에 '페이스매시(facemash)'라는 사이트를 만들면서 시작됩니다. 이 사이트는 하버드 기숙사의 데이터베이스를 해킹해 여학생들의 사진을 모두 다운로드한 후 한 화면에 두 장씩 사진이 보이게 해서 'Hot or Not'을 선택하는 형식입니다. 마치 예능 프로그램에서 유행했던 이상형 월드컵 같았죠. 처음에는 그냥 친구들끼리 아무 의미 없이 시작한 놀이였는데, 그것이 지금의 페이스북으로 발전한 것입니다. 몇 번의 위기는 있었지만, 페이스북은 폭풍 성장합니다. 그리고 규모가 커져서 무언가 전략적인 결정을 해야 할 시점이 오죠. 같이 창업한 친구는 이제 돈을 벌어야 할 때라며 페이스북 페이지에 광고를 싣자고 합니다. 마크는 주저하다가 말하죠.

"나도 이게 어떻게 될지 몰라."

디지털 전환이 그렇습니다. 언제 완성될지도, 어떻게 변해갈지 아직은 아무도 모릅니다. 이런 상황에 딱 맞는 말이 있습니다.

'과거가 미래에 빛을 비추지 않는 시기가 있다'

전환기나 위기 상황, 특히 전환기에는 과거가 미래에 대해서 어떤 가이드라인이 되지 못합니다. 그래서 매우 겸손해야 하고 다양한 가능성을 열어 놓아야 하는데, 지금이 바로 그런 때라는 것을 꼭 기억하세요!

◆ 참고 자료 ◆

인공지능 70 (미야케 요이치로, 모리카와 유키히토 / 제이펍)

BIG DATA (버나드 마 / 교학사)

[트랜D] 더욱 힘 세진 인공지능 (중앙일보)

인간과 컴퓨터의 완전한 소통을 꿈꾸는 공학자, 임해창 (SCIENCE to the Future / 엔씨소프트)

Digital Transformation Journey of SK Hynix (송창록 / SK하이닉스)

96년 역사의 장수기업이 200년을 바라보고 한 일 (오늘의 삼양 / 삼양그룹)

데이터를 철학하다 (장석권 / 흐름출판)

라이프 3.0 (맥스 테크마크 / 동아시아)

인공지능과 딥러닝 (마쓰오 유타카 / 동아엠앤비)

일상을 바꾼 클라우드 컴퓨팅 (나얀 루파렐리아 / 한울엠플러스)

그림으로 배우는 클라우드 (하야시 마사유키 / 영진닷컴)

한눈에 보는 실전 클라우드 프로젝트 (강송희 / 에이콘출판사)

세상을 읽는 새로운 언어, 빅데이터 (조성준 / 21세기북스)

알고리즘으로 배우는 인공지능, 머신러닝, 딥러닝 입문 (김의중 / 위키북스)

데이터 분석 전문가·준전문가 (주해종, 김혜선, 박민규, 문석환, 최순영 / 크라운출판사)

데이터과학 무엇을 하는가? (김옥기 / 이지스퍼블리싱)

소셜 네트워크 (영화)

매트릭스 (영화)

빅데이터와 언론 (신동희 / 커뮤니케이션북스)

빅데이터 활용사전 419 (윤종식 / 제이에스데이타)

4차 산업혁명 기술원리 (임성열 / 에이콘출판사)

커피 한잔값에… 네이버로 음원·영화·클라우드 싹~ (홍성용 / 매일경제)

'로봇' 제조부터 서빙까지… 세계 최초 24시 '언택트 카페' 탄생 (이권진 / 중소기업뉴스)

국민 대다수, 코로나 19로 '비대면 진료' 찬성 (최갑천 / 파이낸셜뉴스)

실무로 배우는 빅데이터 기술 (김강원 / 위키북스)

AI 기반 빅데이터 분석 플랫품, 삼성 SDS Brightics AI (유튜브)

선택이 아닌 필수! 성공적인 디지털 트랜스포메이션을 위한 네 가지 실천법 (김국현 / SK하이닉스)

고객의 마음을 훔치는 효과적인 방법, 개인화 마케팅 (빅인사이트 / 디지털 인사이트)

빌 게이츠, 韓서 감염병 연구… K블록체인도 뜬다 (임유경 / ZDNet)

정보는 아름답다 (데이비드 맥캔들리스 / 생각과느낌)

세계 초일류 기업의 AI 전략 (EY 어드바이저리 / 매일경제신문사)

Deep Learning 기반의 OCR 솔루션, 삼성 Nexfinance AICR (유튜브)

4차 산업혁명 6개의 미래지도 (보스턴컨설팅그룹 / 토트출판사)

4차 산업혁명, 디지털 전환이 우선이다 (남호기 / 해남)

동아 비즈니스 리뷰 219호 (DBR / 동아비즈니스리뷰)

디지털 트랜스포메이션 분야별 전략 추진사례 및 주요 기술의 융합사례 분석 (편집부 / 좋은정보사)

제4차 산업혁명 (하원규, 최남희 / 콘텐츠하다)

아디다스, 獨 스마트공장 4년 실험 접고… 다시 중국행 (이재철 / 매일경제)

통제불능 (케빈 켈리 / 김영사)

열두 발자국 (정재승 / 어크로스)

스마트공장 도입한 中小 70% "효과 없다" (오로라 / 조선일보)

김대식의 인간 vs 기계 (김대식 / 동아시아)

공부하는 기계들이 온다 (박순서 / 북스톤)

마음의 탄생 (레이 커즈와일 / 크레센도)

메이커스 진화론 (오가사하라 오사무 / 더숲)

마스터 알고리즘 (페드로 도밍고스 / 비즈니스북스)

사물인터넷, 실천과 상상력 (커넥팅랩 / 편석준, 이정용, 고광석, 김준섭)

인공지능의 이론과 실제 (김경환, 박충식, 손화철, 윤영광, 이성웅 / 아카넷)

아이디어 불패의 법칙 (알베르토 사보이아 / 인플루엔셜)

제4의 물결이 온다 (최윤식, 최현식 / 지식노마드)

시스템과 시스템적 사고 (이명환 / 21세기북스)

망내인 (찬호께이 / 한스미디어)

신호와 소음 (네이트 실버 / 더퀘스트)

물류관리론 (방희석, 이규훈, 이충배, 김승철 / 청람)

실전형 MES 방법론 (정삼용 / 한울아카데미)

자동차와 IT 융합 스마트카 전쟁 (박기혁 / 동아엠앤비)

호모 데우스 (유발 하라리 / 김영사)

사피엔스 (유발 하라리 / 김영사)

데이터 시각화 (허명회 / 자유아카데미)

MES 요소기술 (정동곤 / 한울아카데미)

경영데이터베이스 관리론 (이춘열 / 창민사)

통제하거나 통제되거나 (더글라스 러시코프 / 민음사)

이제 시작이야! 디지털 포렌식 (존 새몬스 / 비제이퍼블릭)

매개하라 (임춘성 / 샘앤파커스)

M Payment 모바일 결제의 모든 것 (장석호, 이지호, 성기윤, 오재민 / 클라우드나인)

하이얼의 비밀 (장다펑 / 스페이스)

관찰의 힘 (얀 쳅체이스, 사이먼 슈타인하트 / 위너스북)

플랫폼, 경영을 바꾸다 (최병삼, 김창욱, 조원영 / 삼성경제연구소)

AI 기반 챗봇(CHATBOT)의 기술동향 및 시장 전망 (편집부 / 하연)

빅데이터 개론 (한국소프트웨어인협회 빅데이터전략연구소 / 광문각)

비즈니스를 위한 데이터과학 (포스터 프로보스트, 톰 포셋 / 한빛미디어)

Her(2014) / 영화

업그레이드(2018) / 영화

엑스마키나(2015) / 영화

채피(2015) / 영화

이미테이션 게임(2014) / 영화

인플루언서 마케팅 (테드 라이트 / 리더스북)

메이저리그 야구 통계학 (김재민 / 에이콘출판사)

10만 명 몰린 '삼성고시' 넘으려면… (매일경제)

구글에서 배우는 딥러닝 (닛케이 빅 데이터 / 영진닷컴)

빅데이터를 지탱하는 기술 (니시다 케이스케 / 제이펍)

카카오 AI 리포트 (카카오 AI 리포트 편집진 / 북바이북)

오래된 비밀 (이정일 / 이다미디어)

당신이 알고 싶은 음성인식 AI의 미래 (제임스 블라호스 / 김영사)

스마트폰으로 코끼리 사기 (정주용 / 베가북스)

IoT시대에 주목받는 스마트센서 (편집부 / CHO)

'디지털 전환 성과, 그룹에 롤모델' 온산 제련소 달려간 구자은 회장 (이수민 / 서울경제)

디지털 트랜스포메이션을 시도하는 기업의 70%는 왜 실패하는가? (양민경 / HR블레틴)

배달의민족, 국내 최초 아파트에서 로봇 배달 (박소현 / 파이낸셜뉴스)

디지털 트랜스포메이션을 가속하는 DTaaS (최성철 / 삼성SDS 포스트)

디지털 트랜스포메이션을 성공으로 이끄는 비즈니스 언어 표준화 (강승모 / 삼성SDS 포스트)

디지털 핵심기술에 의한 SCM 르네상스 (김종호 / 삼성SDS 포스트)

[김지수의 인터스텔라] "의견은 됐고 데이터로 말하라" 구글 최고 혁신가 전격 인터뷰 (김지수 / 조선일보)

숨진 연인의 애플 계정은 유산일까, 개인정보일까? (임은진 / 연합뉴스)

코로나에도 고객사 늘린 '코스맥스'… 이경수 회장 "한계는 없다" (이윤화 / 이데일리)

도난 카드로 100만 원 플렉스? '수상한 결제' AI가 잡는다! (LG CNS / LG CNS)

로봇이 아파트 문 앞까지 배달한다… 배민-한화건설 맞손 (뉴시스)

디지털 트랜스포메이션 (조지 웨스터먼, 디디에 보네, 앤드루 맥아피 / e비즈북스)

경영을 넷플릭스하다 (김학연 / 넥서스BIZ)

로봇 시대에 불시착한 문과형 인간 (다카하시 도루 / 한빛비즈)

언컨택트 (김용섭 / 퍼블리온)

사물인터넷, 클라우드와 빅데이터를 뛰어넘는 거대한 연결 (커넥팅랩 / 미래의창)

사물인터넷 전쟁, 누가 전쟁의 승자가 될 것인가? (박경수, 이경현 / 동아엠앤비)

초미세먼지 측정기술의 현재와 미래 (박기홍, 김영준 / 광주과학기술원)

(4차 산업혁명시대에 대비한) 엔지니어가 알아야 할 물류시스템의 '지식'과 '기술' (이시카와 카즈유키 /
성안당)

현장 컨설턴트가 알려주는
디지털 트랜스포메이션

2020. 9. 10. 초 판 1쇄 발행
2022. 8. 19. 초 판 3쇄 발행

저자와의
협의하에
검인생략

지은이 │ 주호재
펴낸이 │ 이종춘
펴낸곳 │ BM ㈜도서출판 **성안당**
주소   │ 04032 서울시 마포구 양화로 127 첨단빌딩 3층(출판기획 R&D 센터)
        │ 10881 경기도 파주시 문발로 112 파주 출판 문화도시(제작 및 물류)
전화   │ 02) 3142-0036
        │ 031) 950-6300
팩스   │ 031) 955-0510
등록   │ 1973. 2. 1. 제406-2005-000046호
출판사 홈페이지 │ www.cyber.co.kr
ISBN │ 978-89-315-8997-9 (03320)
정가 │ **14,000원**

이 책을 만든 사람들
기획 │ 최옥현
진행 │ 최동진
교정·교열 │ 안혜희북스
본문·표지 디자인 │ 디박스
홍보 │ 김계향, 이보람, 유미나, 이준영
국제부 │ 이선민, 조혜란, 권수경
마케팅 │ 구본철, 차정욱, 오영일, 나진호, 강호묵
마케팅 지원 │ 장상범, 박지연
제작 │ 김유석

www.cyber.co.kr
성안당 Web 사이트

■ **도서 A/S 안내**

성안당에서 발행하는 모든 도서는 저자와 출판사, 그리고 독자가 함께 만들어 나갑니다.
좋은 책을 펴내기 위해 많은 노력을 기울이고 있습니다. 혹시라도 내용상의 오류나 오탈자 등이 발견되면 "좋은 책은 나라의 보배"로서 우리 모두가 함께 만들어 간다는 마음으로 연락주시기 바랍니다. 수정 보완하여 더 나은 책이 되도록 최선을 다하겠습니다.
성안당은 늘 독자 여러분들의 소중한 의견을 기다리고 있습니다. 좋은 의견을 보내주시는 분께는 성안당 쇼핑몰의 포인트(3,000포인트)를 적립해 드립니다.
잘못 만들어진 책이나 부록 등이 파손된 경우에는 교환해 드립니다.